AF226666

COMMENT

LA

CHAMBRE DES DÉPUTÉS

ET LA

CHAMBRE DES PAIRS

POURRAIENT ÊTRE CONSTITUÉES EN FRANCE.

oᴄ()ᴏ

PAR LE Baron DE MOROGUES,

Pair de France et Membre de l'Institut.

A ORLÉANS,

DE L'IMPRIMERIE D'ALEXANDRE JACOB,

RUE BOURGOGNE-SAINT-SAUVEUR, N. 34.

✦

1840.

COMMENT

LA

CHAMBRE DES DÉPUTÉS

ET LA

CHAMBRE DES PAIRS

POURRAIENT ÊTRE CONSTITUÉES EN FRANCE.

ÉTAT
DE LA QUESTION.

Deux grandes questions sont à l'ordre du jour : la réforme électorale et la consolidation de la Pairie. On s'accorde pour reconnaître la nécessité de leur solution ; on ne diffère que sur les moyens de l'obtenir. Des hommes de bien, plus timides que sages, redoutent de les aborder ; ils craignent le conflit des opinions que l'esprit de parti pourrait exalter ; ils aiment mieux conserver nos institutions imparfaites que de risquer de les perdre ; ils voient en perspective une anarchie dont le despotisme serait la conséquence inévitable.

Les publicistes du journal *la Presse* se sont ainsi plaints de ce que deux organes de l'opinion conservatrice, *les Débats* et *la Revue de Paris*, semblent s'être donné le mot pour ébranler notre jeune constitution, en portant la main, le premier, sur la Pairie ; le second, sur la Chambre des députés. Il est sans doute fâcheux d'être déjà obligé de retoucher à nos lois fondamentales. Mais le Gouvernement constitutionnel est essentiellement progressif ; la Charte de 1830, improvisée, emportée d'assaut dans un moment d'effervescence populaire, n'a pu être suffisamment mûrie. Les lois organiques de 1831 ont été faites sous la même inspiration.

Les électeurs, éblouis par les triomphes de Juillet, ont imposé inconsidérément à leurs mandataires des obligations imprudentes auxquelles ils ont cru devoir se soumettre. Le temps a montré les imperfections de l'organisation de nos deux Chambres : l'opinion publique les a proclamées ; elle demande hautement leur réforme. Il vaut mieux l'opérer constitutionnellement par des moyens légaux et réguliers, en la dirigeant dans le sens conservateur, que d'attendre qu'elle s'effectue forcément et avec violence dans un sens opposé.

Déjà les partisans de la réforme sont attirés par centaines de mille à signer les pétitions que l'extrême-gauche leur présente ; déjà la garde nationale est sollicitée de se réunir à eux. Il est donc temps de prévenir le danger des soulèvemens populaires qui pourraient en résulter, si des chefs de séditieux savaient profiter d'une circonstance fâcheuse pour entreprendre de renverser nos lois constitutionnelles que nos discussions politiques ont si fortement ébranlées.

Nous sommes loin d'admettre la validité des pétitions collectives sollicitées par les hommes de parti et repoussées tacitement par les masses qui se refusent à les signer ; mais, sans admettre leur légalité, nous devons croire à leur danger, surtout quand nous nous rappelons que ceux qui opèrent les soulèvemens ne sont jamais qu'en petit nombre. Ceux-là mêmes qui ont participé activement à la révolution de Juillet ne formaient dans Paris qu'une faible minorité, dont le succès eût été au moins douteux si les ministres de Charles X avaient eu plus de prévoyance, et si Charles X lui-même avait montré plus d'énergie. Nous nous reposons sur la conviction qu'en semblable occurrence le Gouvernement, que cette révolution a rendu nécessaire, montrerait plus de sagesse et plus de fermeté.

En 1789, on eût pu penser que cé n'est jamais sans un grave danger que l'on remet en question les bases de la constitution. Celle que l'on avait alors était si ancienne et si stationnaire par sa nature, qu'elle marchait régulièrement, quels que fussent ses défauts : ce fut même, sinon une faute, au moins une grave inconséquence de changer la Charte de 1814, au nom de laquelle on venait de renverser Charles X , parce qu'il l'avait violée. Une révolution faite pour s'opposer à sa violation ne devait pas la violer elle-même : cette fâcheuse erreur devait avoir les plus déplorables suites. Depuis cette époque, des attentats réitérés contre la personne sacrée du monarque, des émeutes successives, des attaqués sans cesse renouvelées contre la Charte nouvelle, l'affaiblissement progressif du pouvoir royal, la prépondérance de la Chambre élective hautement proclamée, la coalition formée dans son sein, la mollesse d'un pouvoir obligé de faiblir devant le châtiment des factieux, l'impossibilité de former un ministère fort et durable; tout cela joint au vœu d'une multitude d'électeurs qui soutiennent la réforme contre leurs propres intérêts, en envoyant des députés qui la demandent aussi; tout cela, disons-nous, a démontré que la modification de nos lois organiques était urgente, et que ce ne serait qu'en l'opérant constitutionnellement et sans secousses, que l'ordre et la tranquillité acquerraient quelque stabilité en France.

Les antagonistes de toute réforme, ceux qui méconnaissent la nécessité du progrès, nous disent : « Voyez l'Angleterre, sa « constitution sortie de la révolution de 1688 est remplie de dé- « fauts, elle est pleine des vices les plus choquans; elle a été «· faite dans l'intérêt d'une oligarchie aristocratique, et cepen- « dant, malgré ses innombrables absurdités, le peuple anglais l'a « respectée depuis 150 ans, et les réformateurs n'y touchent « qu'avec lenteur, modération et défiance. »

Oui, sans doute; mais c'est précisément parce que cette constitution pèche par l'excès du pouvoir aristocratique, que, quelque défectueuse qu'elle soit, elle porte dans son sein une force conservatrice qui l'a fait triompher de toutes les attaques dirigées contre elle par la démocratie. Ce défaut n'a point empêché l'Angleterre d'arriver au plus haut point de puissance, de devenir le pays le plus riche, le plus industrieux, le plus commerçant du monde, de surmonter toutes les crises qui se sont succédé depuis la révolution française, et de s'agrandir au milieu même des guerres nombreuses qu'elle a enfantées sous le poids de la dette la plus énorme qui ait jamais existé, sans s'occuper si, pendant longues années, elle a eu à sa tête un monarque en enfance, et si aujourd'hui une jeune femme supporte sans fléchir tout le poids de l'une des plus belles couronnes du monde.

En sommes-nous-là en France? est-ce par l'excès de force du pouvoir conservateur que notre Gouvernement pèche? Non, certes : voilà pourquoi il est si incertain, pourquoi chaque attaque, chaque secousse le fait tressaillir; pourquoi le ministère ne saurait être ni fort, ni stable, et pourquoi enfin la tranquillité publique est sans cesse mise en question. Tout cela est la conséquence nécessaire de ce que chez nous le pouvoir conservateur n'est que faiblement établi, et aussi de ce que la constitution du pouvoir électif est essentiellement mauvaise.

Le Constitutionnel qui, avec toutes les autres nuances de l'opposition, veut la réforme électorale, reconnaît aussi avec elles la nécessité de réformer la Pairie. Il est en effet évident que notre loi d'élection est repoussée par l'opinion publique, et que la constitution de la Pairie est mauvaise. C'est du défaut de ces deux lois fondamentales que résultent la faiblesse, la crainte, l'incertitude, l'agitation, qui dominent maintenant toutes les situations en France.

Il faut reconnaître, avec *le Siècle*, que sous la loi de 1831 tout s'en va en dépérissant, la majesté du pouvoir et les garanties de la liberté. En peut-il être autrement, quand le pouvoir royal, ne trouvant qu'un appui insuffisant dans une Chambre des pairs trop peu influente, le ministère toujours chancelant ne peut surmonter les attaques d'une Chambre élective mal constituée, qu'en repoussant l'intrigue par l'intrigue et la coalition par la coalition.

Il faut donc, dans l'intérêt de la royauté, ainsi que dans celui de la France entière, étendre le principe aristocratique concurremment avec le principe démocratique.

Quelle que puisse être la circonspection du parti conservateur en cette circonstance, il doit bien se garder de se laisser dépasser par le parti contraire. Ce n'est pas lui qui a ouvert la porte à la réforme; mais dès que cette porte est ouverte, il faut qu'il y entre armé de toutes pièces : ce ne serait pas en repoussant aveuglément, ainsi qu'on l'a souvent fait depuis cinquante ans, une réforme réclamée par la raison et qu'exigera bientôt l'opinion publique, que la Pairie remplirait sa haute mission.

« Les publicistes superficiels, dit *le Messager*, ont cru voir un
« contre-sens, ou du moins une grande inopportunité, dans la
« mise à l'ordre du jour de ces deux importantes questions, à
« un moment où les partis semblent avoir donné leur démission
« temporaire.... Cette atonie qu'on oppose comme un obstacle
« aux idées réformatrices est la cause même qui les engendre, et
« ce qu'on présente comme motif d'ajournement est la démons-
« tration de l'urgence d'une réforme. La preuve en est que cette
« proposition de réorganiser notre représentation émane simul-
« tanément des partis contraires, et que les opinions opposées
« se rencontrent pour demander ce qu'on peut appeler des inno-
« vations conservatrices.

« Il suffit de se rappeler les circonstances dans lesquelles ont
« été votés la loi électorale et l'article constitutif de la Pairie, pour
« se rendre compte de l'insuffisance de leur organisation actuelle.
« La loi électorale a été une sorte d'impromptu législatif, tant on
« avait la conviction de ne faire qu'un acte transitoire pour les
« besoins du moment. L'article constitutif de la Pairie a été un
« compromis provisoire entre les deux principes. Le morcelle-
« ment électoral a été adopté comme essai ; la Pairie viagère d'in-
« vestiture ministérielle, comme expédient temporaire. L'élection
« fractionnée n'a donné en général que de petits produits pro-
« portionnés à la taille des circonscriptions ; la Pairie sans prin-
« cipe est demeurée sans autorité : ce qu'on reconnaît à peu près
« généralement aujourd'hui, c'est qu'il faut élever la représen-
« tation élective et fortifier la Pairie. »

Voilà ce que *le Messager*, écrit sous l'influence immédiate d'un de nos hommes d'État les plus habiles, de l'illustre et éloquent chef du centre-gauche, vient de proclamer hautement à la face de la France.

Le temps marche avec rapidité, chez nous surtout où l'opinion, sans cesse active, devance souvent, et fausse quelquefois, la direction que le raisonnement devrait lui donner. C'est un torrent qui, en s'accumulant, briserait toutes les digues ; il est plus sage de chercher à le diriger dans le principe, que d'attendre, pour y parvenir, que sa force accrue par la compression soit devenue invincible.

Tant que la réforme électorale était restée dans le domaine des théories, rien n'obligeait à s'en occuper. On doit le faire maintenant, que d'importantes fractions de la Chambre élective, ayant à leur tête des hommes habiles, influens et populaires, ont formulé leurs prétentions à cet égard. Le Gouvernement peut bien, et avec raison, soutenir des prétentions différentes; il peut même retarder momentanément la discussion de la question afin d'en préparer une solution meilleure : mais il ne peut plus la rejeter tout-à-fait, parce que tôt ou tard elle reviendrait plus vive et plus irritante, dans des circonstances plus défavorables que celles où le pouvoir royal se trouve aujourd'hui.

Nécessité pour le Gouvernement de s'appuyer sur l'opinion publique.

Il faut gouverner avec son siècle et conformément aux idées qui le dominent. Nul gouvernement ne peut se soutenir par la force qu'en se conformant lui-même à la loi que l'opinion publique lui impose. L'armée qui sort du peuple ne peut en être long-temps isolée, elle comprimera bien une ou plusieurs émeutes suscitées par des factieux qui n'auront pas l'opinion dominante pour appui; mais les soldats eux-mêmes sont influencés par cette opinion, et ils ne combattront pas long-temps contre elle. Ceux qui gouvernent doivent donc avoir la possibilité de la diriger en l'éclairant, et user de tous leurs moyens pour y parvenir.

Depuis que l'instruction a répandu le raisonnement et que l'imprimerie a multiplié à l'infini les écrits qui l'étendent, tout le despotisme, toute la fureur, tout le fanatisme d'un nouvel Omar ne pourrait comprimer l'opinion publique et ralentir le progrès des lumières que pour peu de temps. L'opinion luttant sans cesse contre la force qui l'aurait dédaignée finirait par triompher d'elle. Voyez plutôt ce qui s'est passé en France, en Belgique, en Hollande, en Portugal, en Espagne et dans tous les états qui divisent aujourd'hui l'immense continent américain; voyez la fermentation qui agite l'Europe et qui se fait ressentir jusqu'en Afrique et en Asie, depuis que l'instruction y a pénétré; vous jugerez ensuite si chez nous un Gouvernement quelconque pourrait long-temps se soutenir en suivant une direction opposée à celle que la raison, répandue dans les masses, lui impose.

Quand chacun raisonne, la force des Gouvernemens ne peut plus résider que dans les formes populaires qui leur donnent la démocratie pour base et les notabilités pour appui. Dans les temps où la foi dominait, la légitimité d'un pouvoir fondé sur elle pouvait se soutenir par la force armée sortie d'un peuple subjugué par ses croyances religieuses; aujourd'hui le pouvoir n'est plus fort que quand il s'appuie sur des masses raisonnantes, et il ne peut plus se reposer sur elles que quand, constitué dans leurs intérêts, il se conforme à la raison qui les conduit.

Est-ce un bien, est-ce un mal?... C'est un fait. Le peuple a perdu celles de ses croyances politiques qui se fondaient sur ses anciennes croyances religieuses. Les partisans d'un pouvoir absolu, les admirateurs d'un courage fanatique et d'un dévouement enthousiaste peuvent le regretter; les gens plus calmes, ceux qui veulent la puissance, la force, le bonheur des peuples, doivent y applaudir : pour tous, c'est un fait auquel il faut se soumettre. Une religion éclairée est toujours indispensable pour servir de fondement à la morale; mais ce n'est plus sur elle seule qu'on peut constituer le gouvernement dont les bases doivent toujours être en rapport avec l'état social des nations qu'il est destiné à régir.

Plus l'instruction littéraire et scientifique se répand, plus le cercle des idées s'étend, et plus aussi le besoin de la participation au Gouvernement se fait vivement sentir. Il faut donc que les droits d'élection et ceux d'éligibilité s'étendent en raison des progrès de cette instruction et du genre de développement qu'elle donne à l'intelligence dans les diverses positions sociales.

Nécessité d'étendre les droits électoraux.

Remarquons bien qu'aujourd'hui où la presse périodique traite tous les sujets et répand l'habitude de les discuter jusque dans les plus petits villages, l'instruction littéraire et scientifique se propage peu à peu, quoique d'une manière plus ou moins imparfaite, dans toutes les classes de la société. Dans toutes, on discute et on raisonne, bien ou mal, sur les intérêts du pays; dans toutes, on veut participer au choix des représentans que le peuple désigne pour les surveiller. On peut bien sentir l'incapacité où l'on serait soi-même d'exercer cette surveillance, on peut même reconnaître l'incapacité où l'on serait de désigner directement ceux qui doivent l'exercer; mais au moins on veut que ceux qui seront chargés de faire cette désignation aient la confiance de leurs mandataires. Dès qu'on a écouté un docteur de village, on se croit capable de raisonner sur la chose publique, et à cause de cela on veut concourir directement ou indirectement à la nomination de ceux qui doivent la faire prospérer.

Tant que l'instruction n'était répandue que dans les sommités sociales, elles seules se disputaient l'autorité que seules elles pouvaient exercer; le peuple, comprimé, obéissait sans raisonner, et l'esprit public n'était que celui des chefs de l'État qui dirigeaient l'opinion dans l'intérêt de leur puissance. Mais il n'en fut plus de même, quand l'instruction, sortie des sommités, se fut étendue au-dessous d'elles. Les classes moyennes, qui en profitèrent d'abord, raisonnèrent sur leurs intérêts particuliers, et, en devenant les plus savantes des classes nombreuses en même temps que les plus nombreuses des classes savantes, elles rendirent nécessaire la révolution qui déplaça le pouvoir et le fit descendre jusqu'à elles, au moyen des institutions communales, des priviléges des provinces et des parlemens d'abord, ensuite au moyen des assemblées électorales et des formes représentatives.

Depuis quelque temps, grâce à la liberté de la presse, la science est descendue de rang en rang jusque dans les classes ouvrières. L'instruction, en se répandant parmi elles, les a accoutumées à raisonner; la presse périodique les a éclairées sur leurs intérêts, et dès lors leur participation au Gouvernement est devenue nécessaire. Ce serait vainement que l'on voudrait méconnaître ce fait.

L'aristocratie des classes supérieures a été renversée par celle des classes moyennes, qui domine aujourd'hui. Cette nouvelle aristocratie le sera à son tour par les classes ouvrières, qui ne sauraient lui reconnaître des droits isolés de ceux qu'elles réclament et dont elles comprennent le besoin. Les nombreuses capacités qu'elles renferment, celles qui surgissent sans cesse de leur sein, s'appuient mutuellement pour faire valoir leurs droits à la participation au pouvoir : elles finiront par obtenir justice. Si elles n'ont, pour les soutenir, ni la richesse acquise, ni la force gouvernementale, elles recourront à la force brutale des masses pour réclamer leurs droits méconnus.

C'est là la cause incessante des émeutes et des conspirations qui les fomentent. Il faut les prévenir par de justes et sages concessions, quoique l'on soit contraint de les combattre et de les réprimer, pour éviter un bouleversement anarchique qui, en renversant l'ordre social, mettrait toutes les existences acquises en danger.

Ce bouleversement, s'il s'opérait, ne ferait d'ailleurs que déplacer les positions particulières sans changer la hiérarchie nécessaire des situations dont elles dépendent. La force des choses la rétablirait aussitôt qu'elle aurait été renversée, parce que jamais les hommes ne seront égaux en force et en intelligence, parce que nul ne veut travailler que pour acquérir, et parce que quiconque possède veut conserver. L'anarchie, qui confondrait toutes les situations, ne durerait donc qu'un jour ; mais ce jour serait terrible : un Gouvernement habile et prudent doit tout faire pour l'éviter.

Quoique l'on fasse, il faudra toujours qu'une classe d'hommes s'occupe à produire la richesse ; une autre à la conserver, à la distribuer, à l'accroître ; et une autre enfin à diriger, à administrer, à défendre les intérêts communs à tous les pourvoyeurs des besoins de la société. Voilà quels ont été, quels sont et quels seront toujours les caractères distinctifs des trois grandes classes de citoyens.

La hiérarchie sociale renaîtrait toujours de ses propres cendres ; elle est inhérente à la nature progressive des générations humaines. Il faut donc prévenir tout ce qui pourrait y porter atteinte, et à cause de cela il faut que l'opinion publique soit satisfaite ; il faut que le Gouvernement se conforme à l'esprit qui la dirige ; il faut qu'il s'appuie sur tous les intérêts rationnels que l'opinion constate et qu'elle a mis en évidence. Méconnaître aujourd'hui la nécessaire influence des capacités et celle de la classe ouvrière dans notre ordre politique, serait une faute imminente dont les graves conséquences mettraient rapidement le Gouvernement et l'ordre social lui-même en danger.

Nous admettons volontiers, avec quelques organes de la presse conservatrice, que, pour certains hommes politiques, la réforme n'est qu'un de ces grands prétextes que l'on avoue pour masquer les projets que l'on cache, qu'une partie de l'opposition de gauche y voit un moyen de faire triompher les principes radicaux ou républicains, et que les chefs de l'opposition légitimiste la demandent dans l'espoir que les secousses qui en résulteraient ébranleraient assez le Gouvernement pour favoriser le retour de la dynastie déchue. Mais tout cela ne nous empêche pas de considérer la reconnaissance des droits méconnus comme une nécessité urgente à laquelle on ne saurait long-temps se soustraire sans compromettre la tranquillité publique et sans mettre entre les mains des factieux une arme dangereuse qui leur donnerait un moyen incessant de soulever les opinions populaires.

Les publicistes du journal *la Presse* nous ont dit qu'il n'y a de droits politiques que ceux que la loi confère : c'est une grave erreur sous tous les Gouvernemens modérés, surtout sous ceux qui reconnaissent la souveraineté du peuple pour base. Le droit politique y précède nécessairement la loi politique, qui ne peut qu'en dériver et en régler l'exercice. On pourrait penser et écrire comme les publicistes de *la Presse* sous un despote; mais, certes, c'est une flagrante contradiction avec le principe constitutionnel que de penser et d'écrire ainsi sous une Charte qui fonde son origine sur l'assentiment national, et qui, en raison de cela, admet des colléges électoraux et des assemblées représentatives.

N'aurait-on pas lieu de craindre que, dans un pays où l'on reconnaît cette grande et indéfinie base de la souveraineté du peuple, sous un Gouvernement qui remonte aux journées de Juillet 1830, et qui exalte sans cesse les triomphes de cette époque, l'exclusion du peuple de toute participation au pouvoir le livrât aux intrigues de ceux qui lui diraient que l'insurrection est le plus saint des devoirs; que c'est une insurrection qui, en Juillet, a enfanté le Gouvernement actuel, et que ce qui a été fait légitimement par le peuple en 1830, pour reprendre des droits qu'on voulait lui enlever, peut se faire encore légitimement pour prendre les droits qu'on lui refuse avec insistance?

Il faut qu'un Gouvernement se conforme à son origine et qu'il soit conséquent avec lui-même : s'il y a impossibilité absolue de reconnaître des droits directs d'élection à tous les citoyens, même à tous les gardes nationaux, il n'y en a pas de les mettre tous à même de concourir indirectement à l'élection des représentans de la nation.

Tous devraient donc être appelés à exercer des droits politiques : ce serait là le seul moyen de faire une loi durable, au lieu d'une loi transitoire, telle que celles que nous avons eues jusqu'à ce jour, et telle que les programmes des comités de la gauche nous en ont récemment proposé.

Il ne faut point que l'élection soit tumultueuse : loin de désirer qu'elle se fasse avec chaleur et animation, comme d'habiles publicistes l'ont demandé, nous pensons qu'elle ne peut être bonne que si elle est faite avec calme, réflexion et sang-froid. Voilà pourquoi nous repoussons tout système d'élection directe comme trop irritant. Nous ne redoutons pas la langueur et l'indifférence des électeurs primaires ; elles prouveraient seulement que ceux qui les manifesteraient ne comprendraient pas assez la haute importance de leurs droits politiques pour être capables de les exercer : si donc des droits directs d'élection leur étaient reconnus, ou ils les exerceraient mal, ou ils ne les exerceraient pas du tout.

Quelle que soit d'ailleurs l'augmentation du nombre des électeurs obtenus par l'abaissement du cens électoral, si l'on conserve l'élection directe, elle laissera sans aucun droit politique le plus grand nombre des citoyens, et ceux-ci seront d'autant plus mécontens de leur exclusion que la limite posée par le minimum du cens électoral se trouvera plus rapprochée d'eux. Il n'en pourrait être autrement, les rivalités et la jalousie de position, que les points de contact tendent à faire naître, s'exerçant bien plus de près qu'au loin. Ainsi on a entendu dans celles de nos campagnes où le cens s'est trouvé fort rabaissé pour opérer les élections municipales, le cri : *Point d'habits noirs !* comme on avait entendu le cri : *Point de nobles et point de banquiers !* lors des élections que les classes moyennes dominaient.

A cause de cela, tout abaissement d'un cens électoral fixe, fait pour parvenir à des élections directes, en étendant les haines et les rivalités, les rendra d'autant plus dangereuses pour le Gouvernement et pour l'ordre social lui-même qu'elles seront plus multipliées et que les classes envieuses offriront moins de garantie au maintien de la tranquillité publique.

Mieux vaudrait pour les citoyens des dernières classes de la société qu'il leur fût accordé par la loi un vote indirect dans les élections des députés que de leur refuser tout droit électoral dans ces graves circonstances, ainsi que se l'est proposé une fraction de l'opposition qui ne voudrait, en conservant toujours le vote direct, que doubler le nombre des électeurs par la concession de leur droit aux capacités du jury et à certaines fonctions électives. Le vote direct, en s'opposant à l'extension indéfinie du nombre des électeurs, impose l'obligation de concentrer leurs droits, non dans les classes supérieures, mais dans la portion la moins élevée de la classe moyenne. Il exclut les classes inférieures qui sont les plus nombreuses de toutes : le souffriront-elles long-temps, aujourd'hui que l'instruction a pénétré parmi elles et que la presse, en développant leur intelligence, les a accoutumées à prendre part aux discussions politiques ? Sans résoudre ici cette question, et sans assigner un terme à l'inertie des classes déshéritées, il est impossible de méconnaître que tant qu'elles ne seront pas satisfaites, elles serviront de point de mire aux factieux et d'appui à toutes les oppositions qui tenteront de les mettre en jeu pour attaquer et renverser le pouvoir. Il est donc dans l'intérêt de celui-ci de les attirer à lui en leur laissant avec prudence exercer ceux des droits politiques qu'il sera possible de leur reconnaître sans risquer d'ébranler l'ordre social : par là on ôtera aux émeutiers un grand moyen d'influence.

On ne saurait s'expliquer comment la fraction de l'opposition qui voudrait accorder l'électorat à tous les officiers de la garde nationale, parce qu'ils sont élus, refuserait de reconnaître le droit indirect d'élection à tous les citoyens que leur âge, leurs infirmités, leurs professions excluent des rangs de cette garde, et qui, à cause de cela, ne contribuent pas à la nomination de ses officiers. Dès que l'on reconnaît la justice du rétablissement des droits indirects d'élection, on doit en généraliser l'application le plus possible, et ne pas se borner à les accorder à quelques fonctionnaires élus pour d'autres causes auxquelles ils peuvent satisfaire, sans que pour cela ils puissent remplir convenablement la fonction bien plus importante de choisir les députés et les membres des hauts conseils administratifs. Il faut, pour contribuer directement à l'élection des représentans du pays, des garanties morales et politiques beaucoup plus fortes que pour exercer les fonctions de sous-lieutenant de la garde nationale dans un village, ou celles de membre d'un conseil municipal d'une petite commune de mille habitans. Les trois quarts au moins de ceux qui exercent ces très-petites fonctions sont de braves et honnêtes gens qui savent à peine lire, et qui ne rempliraient que très-imparfaitement les fonctions d'électeur direct dans les colléges d'une haute importance.

L'expérience a sans cesse démontré que, sur tous les points de la France, l'élection directe confiait l'électorat à une multitude de gens incapables d'élire par eux-mêmes, et qui suivent quelques intrigans ou quelques meneurs, comme un troupeau de moutons suit le berger qui les conduit? N'est-il pas pitoyable que les députés soient élus au cabaret, et que la cabale la plus vile et la plus basse les fasse choisir? Comment, dans un tel état de choses, serait-il possible qu'il ne se glissât pas dans la Chambre et dans les conseils électifs un certain nombre d'ambitieux effrénés, de factieux, d'hommes vénaux et de gens de partis extrêmes? Il en arriverait bien pis encore si, avec l'élection directe, les conditions d'éligibilité étaient abolies : le mal serait porté à son comble, si, à ceux qui jouiraient du droit d'élire directement en vertu d'une prétendue garantie qui n'en serait pas une, se joignaient une d'incapacités électorales, que l'exercice des fonctions ag ur aurait fait adjoindre. C'est pour lors qu'il faudrait d espe conserver le Gouvernement représentatif. Les élus, nommés par intrigue, seraient des intrigans eux-mêmes; et, comme alors tous les partis ne pourraient plus se soutenir que par la corruption, la défection et la cabale, quand même le ministère userait aussi de ces déplorables moyens, nul n'aurait à s'en plaindre, puisqu'il y aurait réciprocité nécessaire.

Un électeur, élu par les assemblées primaires, acquerra, par le fait même de son élection, une importance et une valeur personnelle qui le rendront plus difficile à égarer et beaucoup plus circonspect dans sa conduite. Quand même son élection aurait été faite au cabaret et par intrigue, ce qui malheureusement arrivera quelquefois, le caractère qu'elle lui aura imprimé le forcera à se respecter lui-même et à ne se représenter à ses commettans dans une assemblée primaire nouvelle, que comme ayant soutenu la dignité dont ils l'auront revêtu. Peut-il en être ainsi lorsque les électeurs directs jouissent de leur titre en vertu d'un droit qu'on ne peut leur enlever et quand ils n'ont à rendre compte à personne de la manière dont ils l'ont exercé? Non, sans doute. Disons-le donc avec franchise, l'élection directe, exercée en vertu d'un cens électoral fixe, n'a été la conséquence que d'une idéologie déplorable, dont l'application a faussé le Gouvernement représentatif et produit tous les maux qui l'ont vicié.

On nous dit hautement que la gauche veut la réforme pour faire passer dans la réalité et dans l'application le principe de la souveraineté nationale qui domine notre constitution, et c'est au nom de ce principe que l'on veut exclure de toute participation au Gouvernement par l'élection des représentans les neuf-dixièmes des propriétaires qui la composent : il y a là une contradiction évidente. On veut, dit-on, remonter à la source de la corruption sous laquelle périssent étouffés tous les germes de l'avenir, et cependant on veut former les colléges électoraux de telle sorte que la corruption seule pourra agir sur eux. Il faut être aveuglé par l'esprit de parti ou par l'égoïsme de position pour donner dans un tel piége. On pourrait croire que l'ambition et l'intérêt de quelques intrigans le tendraient seuls aux hommes peu éclairés qu'ils chercheraient à y faire tomber, si l'on ne voyait des publicistes dignes de l'estime de toute la France y tomber eux-mêmes. Quant à nous, qui n'avons jamais adopté qu'à regret les droits d'élection directe accordés inconsidérément à certain cens électoral arbitrairement limité ; quant à nous, qui pensons que le droit direct d'élection ne met, pas plus que le droit indirect, le représentant en contact avec l'électeur duquel il tient sa mission ; quant à nous, qui ne voyons dans l'élection directe que la plus grande facilité de l'intrigue résultant de la plus grande incapacité de beaucoup de membres des colléges jointe à leur irresponsabilité, nous ne saurions nous expliquer comment le côté gauche prétendrait rendre hommage à la souveraineté du peuple par le mode d'élection que l'on vient de proclamer sous son influence.

Les classes moyennes, en faveur desquelles a été créé l'absurde privilége de l'électorat direct fixé par un cens électoral, ne perdront rien à son abolition, parce que ce sera toujours parmi leurs membres que les assemblées primaires désigneront le plus grand nombre des électeurs. Il arrivera seulement que la majorité de leurs capacités reprendra la prépondérance dont la majorité de leurs incapacités jouit aujourd'hui ; les électeurs seront la plupart des gens capables investis de la confiance de leurs concitoyens, agrandis par leurs suffrages, plus à même que par le système actuel de se soustraire à l'influence des intrigans, de faire de bonnes nominations et de porter un jugement éclairé sur les Députés et les conseillers qu'ils auront élevés au pouvoir. Plus ils seront dans le cas d'apprécier leurs actes, et plus leurs points de contact avec eux se multiplieront au profit du pays. Le misérable esprit de localité ne l'emportera plus sur l'intérêt général dont les électeurs seront les représentans, et les élus les mandataires.

Bien entendu qu'ici, en employant le titre de mandataire pour désigner les députés et les conseillers, nous ne prétendons point admettre la funeste doctrine du mandat spécial : doctrine détestable, qui vicie par avance toutes les décisions qu'elle impose. Le mandat spécial, imposé par enthousiasme ou par intrigue, préjuge les questions les plus importantes qu'il résout aveuglément avant qu'elles aient pu être approfondies et régulièrement discutées. A Dieu ne plaise que nous voyions revivre cette funeste doctrine d'où sont sorties les plus déplorables conséquences et qui a été la source de tous les maux que nos assemblées électives ont déversés sur la France!

La doctrine des comptes-rendus, à laquelle beaucoup de députés se soumettent aujourd'hui, est sans doute bien moins funeste que celle du mandat spécial; mais cependant elle a beaucoup de points de contact avec elle. Si elle ne préjuge pas les questions par avance, elle a l'inconvénient de faire intervenir les électeurs dans la solution des questions à résoudre; elle offre un moyen d'intrigue et de supercherie aux mandataires peu délicats; elle fait contracter des engagemens qui peuvent nuire à la liberté des discussions politiques et au vote des lois qui doivent en résulter : tout cela est très-dangereux pour le pays.

Sans doute les électeurs désirent connaître les opinions de leurs mandataires : cela est naturel et juste; mais c'est dans les comptes-rendus des séances par *le Moniteur* et par les autres journaux qu'ils doivent étudier leur conduite. Ils peuvent isolément leur faire telle question ou telle demande que bon leur semblera; mais les députés doivent se garder de prendre par avance un engagement sur des questions non encore approfondies, et cela pourrait arriver si leurs comptes-rendus se trouvaient discutés dans une réunion électorale préparatoire.

Il faut qu'un député ou un conseiller élu soit un homme indépendant, fort de sa conscience et sans préjugé irréformable sur les questions qu'il est appelé à discuter et à résoudre. Tout ce qui tend à aliéner son indépendance, tend à le rapetisser et à l'avilir : le seul engagement qu'il puisse et doive contracter, c'est d'écouter avec attention, de discuter selon ses convictions et de voter avec conscience.

La loi d'élection actuelle est mauvaise, non-seulement parce qu'elle ne laisse aucune influence politique au très-grand nombre de citoyens qu'elle exclut des colléges électoraux; mais, encore, parce qu'au lieu de faire nommer les députés par des sections du collége électoral national à peu près égales et assez nombreuses pour être peu influencées par l'intrigue et par l'esprit de localité, elle sacrifie tout à cet esprit de localité, dont les vues petites et mesquines créent l'opposition la plus minutieuse et la plus irritante, ou déterminent la plus honteuse vénalité et la plus dégoûtante corruption.

Sous le système actuel, le plus sot et le plus méprisable intrigant peut séduire les électeurs d'un petit collége par les promesses qu'il leur fait; il peut arriver à la députation sans savoir apprécier les hauts intérêts qu'il aura à juger et à défendre; peu importe à ses commettans qu'il soit à même de les comprendre, ils ne les comprennent pas eux-mêmes, ils n'ont voulu choisir en lui qu'un défenseur des intérêts de leur clocher ou de leur famille. En partant de ce misérable point de vue, le plus indigne pourra souvent leur paraître le plus capable.

Comment, avec un tel système d'élection, la corruption ne serait-elle pas imminente et l'intrigue indispensable? Comment les ministres les plus probes, les plus sages, les plus habiles et les plus dévoués à leur pays pourraient-ils faire quelque chose de bon et d'utile pour lui sans recourir à ces moyens honteux?

Nous conviendrons volontiers qu'il y a énormément à faire chez nous dans l'instruction, dans l'administration, dans la législation, dans l'industrie, dans les douanes, etc., etc., et qu'on ne fait rien ou presque rien; mais nous croyons que la principale cause de ce mal provient du petit esprit de localité et de mesquinerie que les élections directes faites par arrondissement portent dans la Chambre élective.

C'est notre déplorable système électoral, joint à l'impuissance de la Pairie, qui rend la marche du Gouvernement essentiellement mauvaise; cette marche défectueuse écrase toutes les capacités qu'il attire à lui; elle éclipse les plus hautes réputations; elle surcharge le peuple d'impôts; elle favorise l'intrigue; elle multiplie le nombre des mécontens, et quelle que soit la valeur des dépositaires du pouvoir, la haine, l'envie, la calomnie qui les poursuivent sans cesse parviennent rapidement à la rendre inutile. C'est à des hommes d'une valeur très-secondaire que parfois il faut les sacrifier, pour obtenir momentanément une majorité fugitive, qu'une autre majorité aussi précaire viendra bientôt remplacer.

C'est maintenant à de petits intérêts de localité ou de coterie que sont sacrifiés les recettes du trésor et les plus grands intérêts de la France; il faut qu'il en soit ainsi pour avoir une majorité parlementaire.

Les gens éloignés des affaires, ceux que leur ambition aveuglent, ceux que leurs passions égarent, accusent perpétuellement un prétendu parti de la Cour, qui n'existe que dans leur imagination, de tous les maux dont ils trouvent la France accablée. C'en est assez pour tromper les électeurs directs, dont l'ignorance et la crédulité pourraient souvent devenir proverbiale; ils ne savent pas que rien ou presque rien ne se fait, ni ne peut se faire par la Cour, sous le règne d'un monarque constitutionnel. Tout, jusqu'au choix même de ses ministres, est forcé par la nécessité d'obtenir et de conserver une majorité parlementaire; ce sont essentiellement les membres du parlement, ceux de la Chambre élective surtout, qui font et défont les ministères, qui déterminent les nominations, qui distribuent les faveurs. Mieux vaut, pour parvenir, la protection d'un député influent que celle d'un membre de la famille royale; le Roi, le Roi lui-même est contraint, dans la distribution des emplois particuliers dont il dispose, d'obéir à l'urgente nécessité de s'appuyer sur la majorité parlementaire; jusque dans sa maison, cette obligation est impérative pour lui! Si donc on a raison de se plaindre de la mauvaise répartition des fonctions publiques et du gaspillage des deniers de l'État, c'est à la mauvaise organisation du parlement français qu'il faut que ces maux soient attribués. Le Roi et sa Cour, si l'on peut désigner ainsi l'entourage de gens indépendans qui l'approchent, ne sont et ne peuvent être pour rien dans ces misérables affaires. Le ministère n'ose plus même proposer au parlement de doter les enfans du Roi parce que déjà cette proposition a été rejetée. Si nos princes obtiennent un grade en combattant pour la patrie, la justice qui leur est rendue est accusée de partialité, et quand le dépositaire de la Couronne sacrifie jusqu'à sa propre fortune et endette sa famille pour couvrir la France de monumens de gloire, pour encourager les arts, pour soutenir les malheureux, pour secourir jusqu'à ses ennemis, et même ses assassins, la calomnie, dépitée de tant de générosité et de tant de

vertu, l'accuse encore d'avarice et de rapacité. Voilà quelle est l'influence du Roi et celle de son auguste famille sous le Gouvernement d'aujourd'hui !

On peut affirmer, que, dans l'état actuel du Gouvernement,
dans celui où la constitution défectueuse de nos deux Chambres
législatives l'a placé, de quelque parti que sortent les ministères
qui se succèdent sans pouvoir se consolider, il leur est impossible
de suivre une autre route que celle frayée par leurs prédécesseurs,
et de se soutenir un seul instant au pouvoir par d'autres moyens
que ceux qu'on leur reproche d'avoir employés avec d'autant
moins de raison qu'ils n'ont point été à même de choisir.

Ce n'est qu'à force de concessions à des intérêts d'individus,
de famille ou de localité, que le ministère peut de temps à autre
obtenir que quelques lois soient rendues dans un intérêt général.
Toutes les mesures d'ordre public n'obtiennent l'assentiment parlementaire qu'au prix des concessions faites aux hommes de
parti, et ceux-ci exigent ces concessions dans le misérable but
de satisfaire les chefs des bandes électorales dont ils présument
que leur réélection pourra dépendre. C'est là la triste conséquence
du détestable système que nous avons en France.

On ne saurait disconvenir, comme le dit *la Revue de Paris*, que
ce système a pour effet de morceler tous les corps élus et la Chambre des députés elle-même. Il substitue perpétuellement les plus
misérables intérêts de localités aux grands intérêts généraux que
la Chambre et les conseils sont appelés à défendre.

On nous dit, pour le justifier, que toutes nos illustrations de la
Chambre élective doivent leur élection à des colléges d'arrondissement; on nous cite les Barrot, les Guizot, les Thiers, les Dupin,
les Mauguin, les Dufaure, les Duchâtel, les Jaubert, les Duver-
gier de Hauranne, les Rémusat, les Jouffroy, les Passy, les Toc-
queville et les Royer-Collard comme ayant été nommés dans des
arrondissemens. Cette remarque est au moins naïve ; tous les colléges de département sont fractionnés par arrondissemens, ceux
des chefs-lieux de département sont souvent eux-mêmes divisés
en deux ou trois colléges. Tous les députés, quel que soit le degré
de leur illustration et de leur aptitude aux affaires, sont les repré-

sentans spéciaux d'une très-petite fraction de la population française, circonscrite sur un très-petit territoire. Il en est sans doute beaucoup qui voient les choses en grand et dans l'intérêt du pays; mais il est impossible que la plupart n'aient pas l'esprit de localité pour guide, et que souvent le besoin de se faire réélire par des électeurs peu nombreux, ne soit sur leur vote d'une très-grande et parfois d'une très-fâcheuse influence. Les uns votent aveuglément pour tous les ministères afin d'obtenir des grâces pour des électeurs influens qui les nomment, les autres votent aveuglément contre tous les ministères et se jettent à corps perdu dans l'opposition la plus extrême pour satisfaire aux vœux des électeurs influens dont leur réélection pourra dépendre : par malheur ceux qui n'écoutent que la voix de leur conscience ne déterminent pas toujours à eux seuls les majorités.

Ce sont les hommes et non les localités qu'il s'agit de représenter. Il est absurde de faire des mandataires du peuple les représentans d'un territoire ou d'une circonscription quelconque : cela seul suffirait pour rendre notre système électoral incorrect, inégal et défectueux. L'élu du canton porte la petitesse de ses idées dans les conseils d'arrondissement et de département, l'élu de l'arrondissement porte la petitesse des siennes dans la Chambre élective. N'est-il pas d'ailleurs aussi inconvenant que ridicule de voir dans cette Chambre le mandataire de cent cinquante électeurs siéger et voter à côté du mandataire de deux mille électeurs avec autant de droit et souvent plus de prépondérance que lui? Cela n'aurait pas lieu si le nombre des membres élus de chaque assemblée délibérative était toujours proportionné au nombre des électeurs dont ils tiennent leur mandat, et si , au lieu d'être divisés en sections locales, ceux-ci étaient divisés en sections formées par le sort ou par ordre alphabétique.

Sans doute avec des élections directes cette indispensable réforme ne pourrait s'établir; mais avec des colléges formés d'électeurs désignés par des assemblées primaires, et obligés par la mission qu'ils auraient acceptée, elle serait facile à effectuer. Il suffirait, pour cela, qu'à des époques déterminées, chaque assemblée primaire désignât un nombre d'électeurs proportionné à celui des citoyens qu'elle appellerait pour donner leurs suffrages, et que ces suffrages ne tombassent que sur des hommes qui auraient la faculté et qui prendraient l'engagement d'aller voter dans les colléges où le sort les placerait.

Si le nombre des élus, soit comme électeurs, soit comme mendataires, était toujours proportionné au nombre de ceux qui auraient le droit de les nommer, la loi serait la plus équitable possible.

D'abord les maires et adjoints devraient pouvoir être choisis hors des conseillers municipaux, afin que leur capacité pût toujours suffire à l'exercice de leurs fonctions, et pour que la prérogative du pouvoir exécutif ne fût pas plus restreinte dans la commune qu'elle ne l'est et qu'elle ne doit l'être dans les autres parties de l'État.

Les électeurs primaires de chaque arrondissement, divisés par le sort en sections, nommeraient ensuite, conformément à la loi municipale, les membres des conseils municipaux et un nombre d'électeurs d'arrondissement égal au dixième du leur, pris parmi le cinquième seulement des électeurs primaires les plus imposés de l'arrondissement.

Les électeurs d'arrondissement, divisés par le sort en sections, nommeraient parmi eux les conseillers d'arrondissement, et un nombre d'électeurs de département égal au cinquième du leur, pris parmi le vingtième des contribuables les plus imposés du département.

Les électeurs de département, divisés par le sort en sections, nommeraient parmi eux les conseillers de département et les députés, pris parmi tous les éligibles de la France.

Si cette idée, que nous ne jetons en avant que comme un moyen de faire comprendre notre pensée, trouvait son exécution, les 33,540,910 habitans de la France pourraient être représentés par 6,000,000 d'électeurs primaires, âgés de trente ans au moins, et imposés au rôle des contributions directes.

Ceux-ci nommeraient 600,000 électeurs d'arrondissement, qui nommeraient eux-mêmes 120,000 électeurs de département. Ces derniers se partageraient par le sort en sections, qui nommeraient, dans chaque département, par leur accord, tous les députés dont le nombre pourrait être proportionnel à celui des électeurs. Ainsi, si l'on adoptait le chiffre d'un député pour 200 électeurs de département, la Chambre des députés se composerait d'environ 600 membres; le département de la Seine qui est le plus peuplé de tous, aurait environ 240,000 électeurs primaires, 24,000 électeurs d'arrondissement, 4,800 électeurs de département et 24 députés. Le département des Hautes-Alpes, qui est le moins peuplé de la France, aurait environ 28,455 électeurs primaires, 2,845 électeurs d'arrondissement, 569 électeurs de département et 3 députés.

Remarquez bien qu'ici, nous supposons que le nombre des députés pourrait être porté à 600, c'est-à-dire à 142 de plus qu'aujourd'hui, nombre qui serait bien loin d'égaler celui des membres de la chambre des communes d'Angleterre, et qui s'en éloignerait encore beaucoup plus si on comparait chacun d'eux à la population respective des deux pays qu'ils sont appelés à représenter.

L'augmentation du nombre des députés, en ouvrant la porte de la Chambre élective à un plus grand nombre de capacités offrirait plus de garanties au pays, sans rendre la marche du Gouvernement plus difficile, si les députés recevaient une indemnité légale et si leurs fonctions étaient déclarées incompatibles avec l'exercice de toutes autres fonctions publiques.

Nous reviendrons sur ce sujet. Remarquons d'abord qu'en reconnaissant la nécessité d'intéresser tous les citoyens au maintien de l'ordre constitutionnel au moyen du vote indirect accordé à tous, de la possibilité pour chacun d'arriver à la candidature de l'électorat par son travail, et à l'éligibilité par son mérite, nous ne prétendons pas, pour cela, que le nombre des électeurs élus et celui des éligibles à la députation et aux conseils administratifs ne puissent être limités par celui des citoyens aptes à remplir ces fonctions importantes. Leur aptitude à cet égard ne saurait être reconnue qu'en raison composée de leur capacité et des garanties qu'ils offriraient au maintien de l'ordre social et politique; ce serait à la loi de les déterminer d'une manière positive.

Disons pourtant que plus les électeurs présenteraient de garanties, et moins il deviendrait nécessaire d'en exiger des éligibles. Ainsi, avec tout système d'élection directe, il est indispensable que les éligibles présentent de fortes garanties, tandis qu'avec un système d'élection indirecte très-bon, il pourrait se faire que les électeurs offrissent eux-mêmes assez de garantie de la sagesse de leur choix pour que la loi ne dût leur imposer aucune interdiction à cet égard.

Remarquons encore, que par le système électoral dont nous indiquons les bases, les hautes capacités, qui aujourd'hui honorent la Chambre des députés et les conseils électifs, dans diverses nuances de l'opinion constitutionnelle, seraient plus assurées de leur réélection que par tout autre système électoral, et surtout par celui maintenant en vigueur; parce que moins l'intrigue et l'esprit de localité auraient d'influence sur les électeurs, et moins les incapacités et les nullités auraient de chances de succès. Des colléges composés d'électeurs choisis ne nommeraient certainement que des mandataires dignes de leurs suffrages, et la France serait toujours convenablement et honorablement représentée dans la Chambre et dans tous les conseils électifs. Ce ne serait ni par les promesses fallacieuses ou corruptrices, ni par les exagérations d'opinion que l'on parviendrait à obtenir leur suffrage; tous les députés qui se seraient signalés par leur sagesse et leur assiduité seraient aussi assurés de leur réélection que ceux qui se seraient honorablement distingués par leurs talens, leur courage et leur indépendance. Des électeurs éclairés et attachés à l'ordre public, des électeurs honorés eux-mêmes par le choix de leurs concitoyens, n'accorderaient jamais leurs voix qu'à des hommes essentiellement dévoués à leur pays et au maintien des institutions politiques qu'ils seraient chargés de perfectionner et de défendre.

Ce n'est ni le cens de 200 francs, ni celui de 100 francs, ni tout autre cens plus ou moins élevé qui peuvent seuls être considérés comme le tarif de l'intelligence et de la moralité de ceux qui sont appelés à choisir les mandataires de la société : ce ne sont là que des garanties insuffisantes d'intérêts au maintien de l'ordre établi dans l'État; garanties toujours incomplètes, quand elles sont isolées, et qui ne devraient avoir de valeur que quand elles seraient jointes à une conduite digne de l'estime publique et à un degré de développement intellectuel que l'élection aurait reconnu. Ainsi, un citoyen qui paierait un impôt direct quelconque pourrait bien assez comprendre ses intérêts particuliers, sans savoir ni lire ni écrire, pour voter dans l'assemblée primaire tant qu'il jouirait de ses droits politiques; mais il n'est pas probable que s'il était ignorant à ce point, il pût comprendre assez les intérêts sociaux d'un ordre plus relevé pour être un bon électeur dans aucun autre collége. On doit croire même qu'un homme qui, par le peu de considération dont il jouirait, par l'infériorité de son état social, et surtout par le défaut de son éducation, n'aurait pas l'habitude d'étudier et de comprendre les intérêts de son arrondissement, de son département, de son pays, ne choisirait pas bien ceux capables de les représenter, de les soutenir et de les défendre avec avantage dans la Chambre et dans les conseils. On sent donc que la loi d'élection doit graduer les droits à l'électorat et souvent même ceux à l'éligibilité, en raison composée de la considération duement constatée par une première élection, de l'importance du cens électoral, comme garantie du besoin de maintenir l'ordre politique, et du développement présumé de l'intelligence, comme garantie de l'aptitude à statuer sur les intérêts de l'arrondissement, du département ou du pays tout entier. Ce sera ensuite l'élection qui constatera la valeur reconnue des éligibles.

Comme l'inscription au rôle des contributions directes est la garantie de l'intérêt que l'électeur primaire a au maintien de la tranquillité publique, de même une garantie analogue, mais beaucoup plus forte, devrait être nécessaire pour pouvoir obtenir le titre d'électeur d'arrondissement. A cause de cela, il conviendrait que ceux-ci fussent choisis parmi le cinquième le plus imposé des électeurs primaires, et que tous sussent au moins lire et écrire : quant à la garantie de moralité, ce seraient les suffrages des électeurs primaires qui la constateraient.

Il ne serait pas moins indispensable que les électeurs de département offrissent des garanties plus fortes et qu'ils fussent dans le cas d'apprécier par eux-mêmes les députés sur lesquels leurs choix devraient tomber ; par ces motifs, ils devraient être choisis parmi le vingtième le plus imposé des électeurs primaires et avoir reçu une instruction secondaire.

Quant aux députés, s'ils étaient payés, la condition de fortune deviendrait bien moins indispensable pour eux que celle de capacité. Il est évident que des électeurs, dont la moralité serait constatée par leur élection et la capacité par leur instruction, et qui, en outre, seraient tous attachés au maintien de l'ordre social et politique par leur fortune particulière, ne confieraient la défense de leurs intérêts qu'à des citoyens dignes de leur estime et qu'ils sauraient très-disposés à les soutenir. Ce qu'il faudrait donc exiger, avant tout et peut-être uniquement, pour reconnaître l'aptitude à la députation, serait un degré de capacité constaté par un grade universitaire, par l'adjonction à une société savante ou littéraire, légalement instituée, ou par l'occupation d'une fonction publique d'une certaine importance pendant un nombre d'années déterminé par la loi.

Pour donner plus d'influence et d'importance aux électeurs d'arrondissement et de département, ils ne devraient être renouvelés tous les cinq ans que par cinquième. On remplacerait d'abord ceux morts, les démissionnaires, les absens, et ceux qui n'auraient pas rempli leurs fonctions électorales ; le surplus du cinquième à remplacer ou à réélire serait désigné par le sort.

Si pourtant la Chambre des députés ou un conseil était dissout par ordonnance royale deux fois en cinq ans, à la seconde fois un cinquième des électeurs qui auraient été appelés pour les élire sortiraient du collége et pourrait y rentrer par la réélection.

Dans tous les cas, lors de chaque élection, toutes les sections de chaque collége seraient partagées de nouveau par le sort.

Si la Chambre des députés ou un conseil administratif était dissout trois fois de suite par ordonnance royale, le collége électoral qui l'aurait nommé serait renouvelé en entier avant la troisième nomination des députés ou des conseillers de département ou d'arrondissement, et alors les deux tiers seulement des électeurs pourraient être rééligibles pour le nouveau collége.

Tout cela serait nécessaire pour que la prérogative royale pût s'exercer librement, et pour que le Roi pût connaître l'opinion publique sans être subjugué par les passions du jour.

Il arrive, par le mode électoral actuel, que si le Roi dissout la

chambre ou un conseil, ce sont toujours les mêmes électeurs dirigés par leur même esprit de localité, réunis de la même manière
et dominés par les mêmes passions qui refont les élections. Le résultat ne doit donc pas varier, et l'irritation des électeurs peut
même le rendre plus systématiquement en opposition directe avec
le pouvoir royal : c'est là un grand mal pour le pays, dans lequel
les passions deviennent sans cesse de plus en plus actives et finis-
sent par aveugler les mandataires du peuple eux-mêmes sur ses
propres intérêts. Le renouvellement des sections de collége par le
sort, lors d'une première dissolution; le renouvellement d'un
cinquième des électeurs du collége, lors d'une deuxième dissolution, et la réélection de tous les membres, lors d'une
troisième dissolution, tendraient à déjouer les intrigues et à modifier l'esprit des colléges électoraux conformément au véritable
esprit national.

Il faut bien se garder de représenter ni les passions, ni les idées
du jour; elles sont trop variables, trop passagères, trop différentes selon le temps, les localités et les circonstances, pour que
rien de durable puisse s'établir sur elles. C'est au Gouvernement
de les diriger et non d'être dirigé par elles. Ce sont les intérêts de
la commune, de l'arrondissement, du département, du pays, qui
doivent être représentés, parce qu'eux seuls sont positifs et sta-
bles. Pour les comprendre, les comparer, les évaluer, en sentir
l'importance et les régler, il faut une étude, une instruction, une
intelligence qui n'appartiennent pas au vulgaire. Les électeurs
primaires ne comprendront, pour la plupart, et n'auront besoin
de comprendre que leurs petits intérêts de famille et de localité :
cela suffira pour leur faire accorder leurs suffrages aux candidats les plus estimés parmi ceux que la loi aura reconnus aptes
à faire partie des colléges électoraux d'arrondissemens. Les membres de ces colléges nommeront ensuite les électeurs de département parmi les capacités dignes de cette mission, et ceux-ci
nommeront les députés à la Chambre élective parmi les capacités
qui, en leur offrant des garanties suffisantes, leur sembleront dignes de leur confiance. Il en sera ainsi à l'égard de toutes les fonctions de représentans dans les divers degrés de la représentation

nationale, toutes ne seront confiées qu'à des hommes capables de les bien remplir.

Quelques publicistes estimables, ceux du journal *la Presse* en particulier, ont pensé que l'instruction seule pouvait suffire pour faire concéder les droits électoraux : c'est à regret que nous nous croyons obligés de les combattre. Personne n'apprécie plus l'instruction que nous; mais, par malheur, elle ne marche pas toujours d'accord avec la moralité. Nous avons démontré mathématiquement, dans nos *Recherches des causes de la richesse et de la misère chez les peuples avancés en civilisation*, qu'il résulte de la publication de la statistique criminelle en France, que c'est parmi les hommes qui ont reçu une instruction supérieure que la criminalité est proportionnellement la plus grande. Plus les hommes sont instruits, plus leurs désirs s'étendent et plus leur ambition s'accroît ; c'est là la cause qui tend à développer leurs mauvais penchans. Quand les passions les aveuglent, ils ont plus de moyens de les satisfaire, et ils s'en servent dans leur intérêt pour faire le mal, lorsqu'ils ne peuvent s'en servir dans ce même intérêt pour faire le bien. Voilà pourquoi il faut que ceux qui possèdent l'instruction jouissent en outre de l'estime de leurs concitoyens, constatée par une élection d'un ordre inférieur, avant que la loi leur reconnaisse le droit de concourir à une élection d'un degré plus élevé.

Le système de l'élection à plusieurs degrés aurait le triple avantage de ne confier la nomination des députés qu'à des gens capables de les bien choisir et de les bien apprécier ; de satisfaire à la fois les classes ouvrières déshéritées de tout droit politique par le système électoral actuel, et enfin de contenter une portion importante de l'opposition, qui ne se jette dans le parti légitimiste que par la crainte du désordre, contre laquelle l'instabilité des ministères et la faiblesse du pouvoir, qui en est la conséquence, ne la rassurent pas suffisamment aujourd'hui.

Garanties morales résultant de l'élection à plusieurs degrés

Ce dernier avantage ne sera pas dans notre pensée le moindre de tous; car nous ne pouvons nous expliquer comment, avec les idées libérales que professent les hommes de la gauche, une partie d'entre eux blâment les conservateurs de chercher à rallier au Gouvernement le parti légitimiste. Voudraient-ils que l'on ne fît pas de justes efforts pour rétablir l'union entre les citoyens et pour rendre à la France la force que lui ôte la dissidence d'un grand nombre de familles riches, puissantes, éclairées, dont l'éloignement est une des causes de la faiblesse qu'on reproche au pouvoir, et dont on se plaint avec raison.

Il n'est aucun Gouvernement, quelle que soit sa forme, qui puisse se soutenir sans s'appuyer sur les hommes les plus intéressés au maintien de l'ordre et de la tranquillité du pays : sa solidité et sa puissance sont évidemment à ce prix.

Les bases que nous indiquons pour parvenir à l'élection des députés et des membres des conseils administratifs conduiraient nécessairement à ce but, parce que dans les assemblées primaires les quatre cinquièmes des citoyens ne se trouvant pas aptes à être nommés électeurs d'arrondissement ou membres des conseils municipaux, se trouveraient désintéressés personnellement dans le résultat de l'élection, et par conséquent ne nommeraient parmi les éligibles que les hommes les plus estimés et les plus dignes de leur confiance.

Il en serait de même dans les colléges d'arrondissement ; leurs membres ne pouvant nommer que parmi les électeurs primaires qui feraient parti du vingtième des plus imposés et qui auraient reçu une instruction supérieure au premier degré, seraient, par cela seul, la plupart désintéressés personnellement dans la nomination des électeurs de département et des membres des conseils d'arrondissement. Il est donc certain que leurs votes ne seraient accordés presque toujours qu'aux plus dignes.

Quant aux électeurs de département, ils se trouveraient déjà assez rehaussés par le double vote qui les aurait désignés, par leur fortune constatée et par le degré reconnu de leur instruction, pour que leur intérêt et leur aptitude à faire de bons choix offrissent des garanties suffisantes à la société, dont ils auraient à nommer les mandataires.

Insuffisance des garanties du mode électoral actuel. Nous avons demandé que les garanties de fortune résultassent d'une fraction déterminée par le nombre des plus imposés dans chaque localité et non par un cens fixe, parce que l'attribution des droits d'élection au paiement d'un cens électoral, établi sur la même somme d'impôts dans toutes les parties de la France, est évidemment aussi irrationnelle qu'injuste. Le contribuable qui paie deux cents francs dans le département de la Seine est bien moins important, par rapport aux habitans de ce département, que celui qui paie la moitié de cette somme dans les départemens de la Corse, de la Lozère et des Hautes-Alpes. Le comité des honorables députés de la gauche voudrait remédier, en partie, à cette inégalité choquante en portant à cinq ou six cents le mini-mum du nombre des électeurs dans chaque arrondissement élec-toral: ce serait substituer à l'arbitraire du cens l'arbitraire du nom-bre ; ou, pour mieux dire, ce serait compliquer l'arbitraire actuel d'un arbitraire de plus. L'un et l'autre seraient abolis, si le droit électoral, au lieu d'être attribué au paiement d'une somme fixe, l'était à une proportion fixe des plus forts contribuables de chaque localité. Que ce soit le cinquième, le dixième, le vingtième des plus imposés de la localité parmi lequel les électeurs seront élus par les assemblées primaires, peu importe à l'équité de la loi, puisque la répartition des droits sera toujours proportionnelle dans toutes les parties du territoire national, et que partout le rapport du nombre des électeurs à celui des contribuables sera identique.

Si cette marche est suivie, l'extrême-gauche criera sans doute encore au privilége! Elle demandera pourquoi les citoyens qui feront partie du cinquième le plus imposé pourront seuls, à l'exclusion des quatre autres cinquièmes, être nommés électeurs d'arrondissement, et pourquoi les citoyens qui feront partie du vingtième le plus imposé pourront seuls être nommés électeurs de département. La raison en est pourtant évidente; elle tient à l'essence même de la société dont l'inégalité des fortunes est la base indispensable : il faut bien que les riches, qui sont les moins nombreux, jouissent de plus de droits politiques que les autres, afin qu'ils puissent défendre leurs richesses contre les at-taques qui, sans cela, seraient dirigées contre eux : Montesquieu l'a déjà dit depuis long-temps, par rapport aux possesseurs de priviléges.

L'inégale répartition de la richesse est un privilége, oui sans doute ; mais c'est celui sur lequel se fonde l'ordre social tout entier, c'est lui qui détermine le travail, c'est lui qui excite les progrès ; il faut que ce privilége subsiste et qu'il soit fortement maintenu pour que la société elle-même soit fortement défendue, pour qu'elle ne soit pas rétrograde, pour qu'elle ne devienne point inerte, pour qu'elle ne s'anéantisse pas tout-à-fait. L'égale répartition de la richesse est la plus absurde et la plus déplorable idée qui jamais ait pu sortir du cerveau malade des utopistes, des saints-simoniens et des prôneurs de la loi agraire.

Ce qu'il faut, pour tous les citoyens qui veulent le maintien de l'ordre social, les progrès de l'industrie, de la science et de l'aisance populaire, c'est que la richesse soit accessible au travail et qu'elle le favorise ; c'est que ceux qui la possèdent ne s'en servent pas pour opprimer ceux qui ne la possèdent pas encore ; c'est que, loin de là, ils les favorisent et les soutiennent dans l'adversité ; c'est, en un mot, que les riches sentent le besoin de l'estime et de l'attachement des pauvres ; qu'ils fassent tout ce qui dépendra d'eux pour l'obtenir et qu'ils leur doivent de la reconnaissance pour les témoignages qu'ils en auront reçus, ainsi que pour ceux qu'ils prétendront en recevoir encore : ce sera là ce que les assemblées primaires et l'élection à plusieurs degrés opèreront en France.

On nous demandera peut-être pourquoi nous avons proposé arbitrairement de prendre les électeurs d'arrondissement dans le cinquième des citoyens les plus imposés, plutôt que dans le quart ou dans le sixième, et les électeurs de département dans le vingtième, plutôt que dans le dixième ou le trentième. A cela nous répondrons que ces rapports nous ont paru les plus convenables pour donner à la fois assez de garantie au pays et assez de latitude au choix des électeurs : au surplus nous n'y tenons pas, si on nous en indique de meilleurs. Tout ce que nous voulons, c'est que l'ordre social et politique trouve une garantie suffisante dans le privilége que la loi doit reconnaître à la fortune pour assurer sa défense, et pour maintenir la conservation, la répartition et la production de la richesse les meilleures possible.

Dès que la société se forme, l'égalité absolue ne peut plus exiser ; ce n'est plus que l'espoir et l'envie des inégalités sociales qui entretiennent l'émulation et qui déterminent les citoyens à servir leur patrie, soit par l'exercice des fonctions publiques, soit par celui des professions industrielles, soit enfin par l'étude des sciences, qui, en tendant à accroître le domaine de l'esprit humain, tendent aussi à améliorer l'ordre social lui-même.

Nécessité des inégalités sociales et politiques.

Plus l'homme est éclairé et moins il veut rester stationnaire : voilà pourquoi les lumières, en se répandant, ont rendu notre société moderne si essentiellement progressive.

Le Gouvernement ne peut plus diriger le mouvement résultant de cette disposition actuelle des esprits, qu'en offrant à tous l'espoir d'un avancement quelconque pour mobile vers le bien, et en présentant à chacun cet avancement comme la récompense des services rendus à la patrie.

Il faut pour cela, dans l'intérêt social, ainsi que dans l'intérêt politique, que les inégalités de situation reconnues nécessaires soient déterminées par la loi, et qu'elles soient assez graduées pour exciter les citoyens de tous les rangs à servir la patrie dans l'espoir d'arriver à un rang supérieur ; et comme le travail et l'industrie, exercés dans l'intérêt particulier, peuvent ordinairement conduire plus rapidement et plus probablement à la fortune que l'exercice des fonctions publiques ; comme même il faut qu'il en soit ainsi dans l'intérêt des contribuables, il convient que les situations politiques dont l'État dispose et l'illustration qui en résulte pour les familles, soient graduées aussi positivement que le sont les situations sociales résultant de la différence des fortunes acquises par l'industrie.

Bien entendu que nous ne demandons pas ici la résurrection des distinctions dérivées de l'ancienne féodalité, de ces distinctions devenues inutiles, dont, antérieurement à 1789, la prodigalité et la vénalité avaient diminué la valeur, et dont l'usurpation des uns et la haine des autres ont, depuis cette époque, annihilé l'influence. Les seules inégalités sociales et politiques que la raison puisse avouer sont celles motivées par le travail appliqué dans l'intérêt de la société ou dans celui du pays ; ce sont celles résultant de l'inégale répartition de la richesse créée par l'industrie, et de l'inégal degré des illustrations acquises par des services publics plus ou moins importans. Ces inégalités-là sont aussi indispensables aux progrès de l'ordre social qu'au soutien de l'ordre politique sur lequel ces progrès reposent.

Ce sont les capacités qui déterminent et fondent les inégalités ; c'est sur les inégalités qu'elles ont établies que le Gouvernement constitutionnel doit s'appuyer, sans quoi il ne pourrait se soutenir.

La multiplication des capacités est donc un bien ; elle ne paraît excessive que parce que la direction qui leur est imprimée par le mode d'instruction actuel est mauvaise. Perfectionnez, étendez, variez l'instruction professionnelle, en évitant de prodiguer l'instruction purement littéraire, artistique et scientifique. La plupart des capacités, en se classant naturellement dans les diverses professions industrielles, accroîtront le bien-être social en même temps qu'elles concourront à l'accroissement de la richesse du pays. L'encombrement à l'entrée des professions dites libérales diminuera, et cette diminution, en réduisant le nombre des capacités sans emplois, réduira le nombre des mécontens, raffermira l'ordre social et consolidera l'ordre politique.

Pour atteindre plus sûrement ces importans résultats, il serait nécessaire qu'aux facultés académiques d'aujourd'hui fussent jointes d'autres facultés chargées de répandre la haute instruction agricole, manufacturière et commerciale; il faudrait que ces facultés constatassent les degrés de capacité acquis en concédant des grades de bachelier, de licencié, de docteur ès-agriculture, ès-industrie, ès-commerce, comme nos Facultés d'aujourd'hui concèdent les grades de bachelier, de licencié, de docteur èslettres et ès-sciences; il faudrait en outre que l'Institut admît dans son sein des classes nouvelles ouvertes aux nouvelles facultés que nous désirerions voir établir. S'il en était ainsi, le classement des capacités s'établirait naturellement dans toutes les professions sociales, comme déjà s'y est établi le classement des fortunes, et l'un et l'autre faciliteraient l'application d'une loi électorale propre à graduer convenablement les droits politiques.

Les opinions politiques ne varient dans les masses que selon les positions sociales : si donc une seule position sociale est représentée dans les élections, et si l'éligibilité lui est concédée par la loi, quel que soit le nombre des électeurs, le résultat de l'élection sera toujours le même. Si, par exemple, un minimum de cens électoral est adopté comme aujourd'hui pour donner à lui seul le droit d'élection directe, et si un autre minimum de cens électoral fort rapproché fixe à lui seul le droit d'éligibilité, ce seront toujours les électeurs les plus voisins du minimum qui, étant les plus nombreux, détermineront l'élection dans le cens qui leur sera le plus favorable, exclusivement aux électeurs placés dans les autres positions sociales, parce que ceux-ci seront essentiellement en moindre nombre.

Résultats déplorables de l'élection directe.

Plus on rabaissera le cens qui conférera le droit d'élection directe, et plus on exclura des corps électifs les positions sociales supérieures à celle représentée par le minimum du cens : en sorte que la position sociale des membres de ces corps sera de plus en plus rabaissée, et leur donnera de plus en plus de tendance à opprimer les classes supérieures à celles dont ils seront sortis. Cela suffira pour éteindre l'émulation et pour rendre la société rétrograde au lieu de la rendre progressive.

C'est là ce qui s'est fait par la loi électorale de 1792. Les membres de la Convention, nommés directement par les assemblées primaires, ou, pour mieux dire, par quelques clubistes bavards et impudens qui les dirigeaient, furent choisis la plupart parmi des énergumènes forcenés qui n'offraient aucune garantie morale et politique. Beaucoup de conventionnels sortis de la lie du peuple portèrent dans l'assemblée la violence, l'injustice et l'immoralité; on massacra les opposans, on battit monnaie sur la place de la Révolution, on spolia les citoyens, et, pour accroître le nombre des naissances illégitimes, on vota une prime en faveur de l'immoralité.

Les hommes de l'extrême gauche, ceux du parti radical surtout, voudraient pourtant que le droit d'élection directe fût encore accordé à tous les gardes nationaux et même à tous les citoyens; ils voudraient aussi que tous les électeurs fussent éligibles: c'est une absurdité qui nous reconduirait rapidement, non à une république régulièrement organisée, mais à un gouvernement conventionnel passager. Si ce déplorable système était momentanément appliqué, des députés sortis des derniers rangs de la société, des bravaches de café, des énergumènes de clubs ne verraient qu'avec envie les classes supérieures et moyennes; tous leurs votes, toutes leurs calomnies, toutes leurs dénonciations frauduleuses seraient dirigées contre elles; l'émulation vers le bien serait détruite par l'oppression des classes moyennes et supérieures, dans lesquelles pourtant chacun des oppresseurs voudrait s'élever en un jour, jusqu'au moment où l'anarchie ferait place à un gouvernement régulier. Ce serait le retour de l'affreux règne de la terreur. Ce règne serait court, sans doute; mais il paraîtrait encore bien long et servirait de transition au despotisme du sabre, qui, à son tour, répandrait les plus horribles malheurs sur la France.

On verrait, sous le régime conventionnel, le retour des assignats et du maximum, celui des réquisitions forcées et de la spoliation des propriétés de tous genres. Tout cela se renouvellerait pour enrichir plus rapidement les élus de la populace des cabarets et des carrefours, aux dépens des victimes de leur rapacité. Celles-ci, quels que fussent leurs rangs, leurs professions et leur âge, périraient par milliers sur les échafauds; la canaille la plus vile s'abreuverait de leur sang et applaudirait à leurs tortures, exercées pour satisfaire plus rapidement la cupidité, la haine, l'envie ou la vengeance de leurs bourreaux! Voilà quel fut le règne de la Convention dite nationale. Dieu nous préserve du retour d'un aussi épouvantable fléau!

Sans doute qu'alors quelques grands hommes se sont élevés, par leur courage, leur patriotisme et leurs vertus, au-dessus de la fange dont ils étaient entourés; sans doute que la gravité des circonstances pouvait justifier à leurs yeux une énergie exceptionnelle qui, pour le moment, leur paraissait nécessaire au salut de la patrie ; mais presque tous les conventionnels vertueux périrent victimes de leur zèle, quand ils voulurent arrêter le torrent de crimes débordé sur la France, et le souvenir de ces temps désastreux, en devenant un obstacle invincible au retour du vote direct universel, a fait rejaillir jusque sur les idées républicaines, qui voudraient s'appuyer sur lui, tout l'odieux d'un pareil système.

On a remarqué, en effet, qu'un bon nombre de gens de bien et d'esprit distingué ont été profondément inquiets, quand la gauche fut à deux doigts de la présidence de la Chambre élective ; parce que derrière la gauche triomphante, ils voyaient l'anarchie levant sa tête hideuse et l'abîme des révolutions au moment de se rouvrir. Les publicistes *des Débats* ne les ont point rassurés en leur disant que cet abîme est refermé et que si les doctrines de la révolution ne sont pas absolument mortes, elles sont du moins sans raison d'existence. Quelle que soit leur autorité, nous ne pouvons nous y soumettre ; loin de regarder avec eux les doctrines de la révolution comme mortes, nous croyons qu'elles sont plus vivaces que jamais, que l'instruction qui les a fait naître, les a propagées en se répandant, et qu'elle tend sans cesse, en s'étendant, à les rendre de plus en plus dominantes. En sorte que ceux-là mêmes qui ne seraient pas encore convaincus de leur justice et de leur vérité, doivent par prudence et par raison marcher avec elles.

Il est bien reconnu aujourd'hui, dans tous les rangs de la société, par toutes les têtes raisonnantes, qu'il ne peut plus y avoir de priviléges autres que ceux fondés sur la raison et que l'intérêt général commande de maintenir. Ce sont là les conséquences des théories que la révolution a démontrées véritables, ce sont elles qui ont triomphé, ce sont elles qui triompheront toujours.

On nous dit que les théories révolutionnaires ne pourraient triompher qu'autant qu'une révolution serait nécessaire, et on affirme que si elle était nécessaire en 1789, parce que le tiers-état n'était rien alors, quoiqu'il pût être tout, elle serait sans motif maintenant que des priviléges qui n'étaient justifiés par aucun service rendu au pays, qu'une administration vicieuse, des distinctions iniques et insultantes, ont disparu pour toujours. Sans doute qu'il a été beaucoup fait; mais aujourd'hui, tout ce qui a été fait ne se trouve plus fait qu'en faveur des seules classes moyennes. Les classes supérieures ont été abaissées à leur niveau, tandis que les classes inférieures, qui sont les plus nombreuses de toutes, qui représentent en réalité ce tiers-état en faveur duquel la révolution s'est, dit-on, opérée, sont encore complétement ou presque complétement délaissées par notre ordre politique. Aujourd'hui, comme en 1789, les dix-neuf vingtièmes de la nation, les hommes essentiellemeut producteurs se trouvent rangés dans les classes déshéritées et sans aucune influence sur la nomination des membres de nos Chambres électives. A l'aristocratie d'autrefois se trouve substituée par le fait une aristocratie électorale encore moins motivée que l'ancienne, puisque, nonobstant ses vices, celle-ci avait au moins, pour justifier son institution, l'obligation de servir la patrie presque gratuitement : l'honneur la lui imposait comme un devoir dont l'accomplissement était indispensable pour la presque totalité de ses membres. Quels sont aujourd'hui les sacrifices particuliers que l'aristocratie électorale des classes moyennes fait pour motiver les priviléges dont elle s'est réservée la jouissance?

En quoi consiste la noblesse d'aujourd'hui. Ses inconvénieus.

De quel avantage peut être au pays la seule noblesse du jour, cette seule noblesse de l'argent, qui se base sur un cens électoral ou sur un cens d'éligibilité dont aucun service public ne motive la possession, que la loi a fixé arbitrairement, qui donne des droits exclusifs à ceux qui le possèdent sans leur imposer aucune obligation ni aucun devoir spécial envers la patrie? Comment, avec une telle aristocratie créée par la fortune et qu'aucun mérite ne saurait justifier, pourrait-on s'étonner, que l'émulation vers les services publics soit éteinte, que les places lucratives soient préférées aux distinctions honorifiques, que chacun ne cherchât plus dans l'élection qu'un moyen d'obtenir les emplois qui le conduiront à la fortune, et que le peuple soit contraint de payer d'énormes impôts pour solder la multitude de fonctionnaires rétribués à ses dépens?

La fixité du cens électoral, en détruisant toute émulation , a éteint l'influence du vieil honneur dont se glorifiaient nos aïeux? Par quoi cette influence se trouve-t-elle remplacée, et par quels moyens prétend-on exciter encore le dévouement et le patriotisme au sein des générations nouvelles? Serait-ce par la multiplicité des emplois salariés dont il faut bien que l'intrigue, la faveur et le népotisme disposent, puisque mille concurrens, à droits égaux, sont là pour les occuper? ou serait-ce en accroissant encore le nombre des charges vénales dont les classes moyennes ont obtenu le privilége? Nous doutons que ce soit là des institutions bien favorables au rétablissement de l'empire de l'honneur!

Je sollicitais, près d'un ministre digne de l'estime de toute la France, en faveur d'un homme dont lui-même reconnaissait les titres et les droits : « Ils sont quatre cents qui me font la même demande, me répondit-il : deux cents ont des droits pareils. J'aime beaucoup votre protégé ; mais je ne veux faire d'injustice à personne : je mettrai tous les noms dans une urne : le sort décidera. »

Le besoin d'obtenir des fonctions rétribuées est devenu si grand et si général, que si on ne fait plus sa cour au Roi ni aux princes, qui ne peuvent presque plus rien , on cherche à bouleverser le pays pour obtenir quelque chose. Quand on est ambitieux, on calomnie, on injurie le Roi, les princes, les ministres, afin de plaire aux hommes jaloux que leur haute position offusque encore ! Le caractère français est naturellement frondeur. Paul-Louis Courier, disait aussi avec raison, qu'il est éminemment courtisanesque. Depuis qu'il n'y a plus de grands à courtiser, la foule des aspirans courtise les électeurs ; l'époque surtout de la réunion des colléges est celle du triomphe de l'heureux censitaire dont le suffrage peut conduire à tout et ne pourrait être trop chèrement acheté. Tout ce qui prime l'électeur à 200 francs lui est donc sacrifié pour lui plaire, tout ce qui se trouve au-dessous de lui est rabaissé pour le relever encore.

Il faut bien qu'il en soit ainsi, parce que l'électeur direct peut, par son vote, rabaisser ceux qui s'élèvent au-dessus de lui, et élever ceux qui lui plaisent. Comme il ne tient rien de tout ce qu'il prime, il ne voit que lui dans le pays, il se croit né pour commander, il rejette toute supériorité et il écrase tout ce que le sort l'a mis à même de dominer.

Le principe de l'égalité devant la loi, ce grand principe des Mirabeau, des Lafayette, des Foy, des Casimir Perrier, ce grand principe que la révolution a, dit-on, conquis, est faussé constamment par l'effet de notre système électoral, et quand la gauche en réclame hautement l'application, elle est très-certainement en droit de le faire avec justice. Ajoutez à cela qu'elle a derrière elle pour la soutenir, toute l'énorme majorité des citoyens qui se trouvent frustrés de leurs droits politiques.

La concession des droits d'élection aux capacités du jury, soit avec un cens électoral moindre que celui payé par les autres électeurs, soit sans aucun sens électoral déterminé, serait encore un privilége créé en faveur des classes moyennes qui jouissent de ces capacités; elle donnerait aux avocats, aux médecins, aux membres des académies, aux officiers retraités qui font partie de ces classes, par leur position sociale, des droits directs dont les classes inférieures n'auraient pas la jouissance et auxquels les suffrages du peuple ne serviraient pas d'appui.

Mais de tous les priviléges créés en faveur des classes moyennes, le plus important de tous pour elle, et le plus onéreux pour les autres classes de la société, est la possession dans les familles des titulaires des charges d'avocats à la cour de cassation, de notaires, d'avoués, d'huissiers, d'agens de change, de courtiers de commerce, de commissaires-priseurs et de greffiers près de toutes les cours et tribunaux du royaume, depuis le greffe de la Cour de cassation jusqu'au moindre greffe d'une justice de paix ou d'une justice municipale. Ce privilége énorme a donné lieu à une multitude d'abus qu'il faut réformer sans doute; mais pourtant il a créé tant d'existences sociales, il est la cause de tant de fortunes particulières, qu'il serait peut-être impossible et impolitique de le détruire aujourd'hui. Nous ne pensons pas surtout, qu'il soit juste et convenable d'agir envers les privilégiés des classes moyennes, comme l'Assemblée constituante l'a fait envers les privilégiés des classes élevées, quand elle a supprimé, sans indemnités, les offices vénaux et les rentes féodales. L'injustice qui a été commise ne saurait autoriser celle qu'on pourrait commettre encore.

De tout temps, la vénalité des charges, introduite par nos rois pour remplir leurs coffres, a été regardée par les États de provinces et par les États généraux, comme une source d'abus qu'il importait de réprimer; on pouvait cependant y trouver un motif d'utilité pour le peuple sous la monarchie presqu'absolue que la révolution a renversée. La vénalité et l'hérédité des fonctions publiques donnaient à leurs titulaires, et aux corps qu'ils formaient, une espèce d'indépendance utile dans un pays où la liberté n'existait pas et où la voix des plébéïens pouvait à peine se faire entendre. Il ne saurait en être de même sous un Gouvernement constitutionnel, où les citoyens ont des représentans chargés de défendre leurs intérêts et où la presse peut sans cesse faire entendre leurs vœux. Nous pensons donc, nonobstant ce qu'en ont dit MM. Garnier-Pagès et Lherbette, que ce serait une faute grave que d'introduire aujourd'hui la vénalité. Certainement, il ne faudrait pas la rétablir, si elle ne l'était déjà. Elle ne peut se défendre qu'en raison de l'énormité de la masse des propriétés qu'elle a créées et de celle des sommes qu'il faudrait consacrer pour effectuer avec équité le remboursement de toutes les finances. Si pourtant il était possible de le faire, le peuple en profiterait promptement par la réduction des frais d'acte et de justice qui en deviendrait la conséquence, et le Gouvernement acquerrait beaucoup plus de force et de stabilité, s'il conservait le droit de nommer à tous les offices.

La vénalité des charges de la haute magistrature et de quelques emplois militaires offrait certainement, à côté de ses avantages, de graves abus sous l'ancien ordre de choses. L'Assemblée constituante a donc bien fait de l'abolir : son rétablissement en 1816 a été d'autant plus funeste que les abus de la vénalité se sont accrus progressivement, depuis qu'en descendant d'étage en étage, les titulaires des offices les ont de plus en plus exploités comme moyens de fortune, au lieu de les exercer comme moyens de considération et d'influence sociale.

Quand, sous l'ancien régime, une charge de secrétaire du Roi ou de trésorier de France anoblissait, on s'occupait peu de la somme qu'elle coûtait et de l'intérêt de l'argent employé pour l'acquérir; c'était l'honneur qu'on avait en vue, on lui sacrifiait une portion souvent importante de sa richesse; maintenant où les offices n'anoblissent plus, on ne les achète que pour l'argent qu'ils produisent et l'on n'emploie pour cela une portion de sa fortune que dans l'espoir de l'accroître avec plus de rapidité. Un défenseur de la vénalité des offices nous a dit qu'en quarante ans chacun d'eux enrichissait quatre familles. Cette vénalité qui, selon lui, fait faire de riches mariages à leurs titulaires, n'a d'autre effet, par rapport à ceux qui ne les possèdent pas, que d'en faire, malgré eux et à leur insu, la clientelle obligée des nouveaux titulaires. Il en serait différemment si les offices étaient des fonctions amovibles exercées sous la surveillance immédiate de l'administration et des autorités judiciaires, ainsi que sous celle plus indirecte des Chambres législatives, que la presse et le droit de pétition les mettraient à même d'exercer.

Il n'est cependant pas probable que, dans le moment actuel et tant que le Gouvernement marchera régulièrement, les nombreux intérêts engagés dans cette question ne se défendent pas par leur propre masse : un Gouvernement sage et prudent évitera de les compromettre. Mais si les classes moyennes qui les possèdent, et qui font maintenant la force du Gouvernement, en lui refusant leur appui lui ôtaient la possibilité de se consolider par une bonne et forte constitution du pouvoir électif et du pouvoir patricien, un temps viendrait bientôt où la démocratie, en débordant les autres pouvoirs, renverserait tous les obstacles qui s'opposeraient à l'abolition de l'hérédité des offices dont la bourgeoisie a obtenu le privilége.

Aujourd'hui, quelques-uns des organes de la gauche se sont prononcés hautement, au nom de la liberté, pour la conservation de la vénalité; mais bientôt ces mêmes hommes qui voudraient abolir les brevets des imprimeries et des librairies pour assurer l'indépendance de leurs titulaires, ces mêmes hommes qui ne veulent point rendre aux ministres d'un Roi consti-

tutionnel la nomination des offices que la loi de 1816 leur a enlevée, ces mêmes hommes qui ne veulent point que l'on fasse des
titulaires de charges vénales des fonctionnaires publics, nommés
et révoqués suivant le bon plaisir du Gouvernement actuel, par
la crainte de le voir accroître sa force en étendant son influence,
ces mêmes hommes, dis-je, voudront, quand ils disposeront du
Gouvernement, se servir de tous les moyens d'accroître leur
pouvoir, et s'ils ne s'attribuent pas le droit de nommer et de
révoquer les titulaires des offices, ils supprimeront certainement
leur vénalité et leur hérédité, afin de ne point laisser aux classes
moyennes un privilége que rien ne justifierait plus dans leur
pensée et qui parfois a donné lieu à de fâcheux abus.

Les principes professés par les hommes de la gauche et par
ceux de l'extrême-gauche surtout sont trop absolus pour leur
permettre de faire aucune concession aux circonstances et aux
faits accomplis. Leur puritanisme est complet; ils veulent faire
le bien du pays à tout prix; ils se dévoueraient eux-mêmes pour
y parvenir. Ce sont d'excellens patriotes dignes de l'estime publique; mais ils voient les choses comme ils voudraient qu'elles
fussent, et non comme elles sont dans leur réalité, et à cause de
cela ils ne tiendraient compte d'aucun des obstacles qu'ils auraient à vaincre, s'il s'agissait de réaliser leurs utopies dans le
Gouvernement de la France.

Avec le principe, déjà mis en avant, de l'omnipotence de la
Chambre élective, on verrait certainement avant peu le Gouvernement conventionnel s'établir et franchir, ainsi qu'il l'a déjà
fait, tous les obstacles à l'application absolue des principes ri-
goureux qu'il se serait posés; il obéirait à la pensée hautement
proclamée par la presse libérale, et il renverserait d'un seul coup
la vénalité, sans s'arrêter devant la crainte de porter atteinte à des
propriétés légalement acquises. Ceux qui se souviennent des lois
sur le maximum, sur la confiscation des biens, sur la circulation
forcée des papiers-monnaies, sur les réquisitions, ne douteront
pas du danger que courraient les propriétaires des offices, si le
Gouvernement constitutionnel devait, en succombant, faire place
à un Gouvernement moins prudent, moins juste et moins régulier.

Tant que le Gouvernement sera assez fort pour diriger et pour régulariser le progrès dans sa marche, rien de cela ne sera à craindre; le bien s'opèrera avec une sage lenteur, et comme il s'effectuera sans secousses, ce sera sans compromettre les existences légalement acquises, ni les propriétés légalement obtenues.

Il ne peut être satisfait aux besoins de la démocratie sans accroître la force patricienne.

Toutes ces vérités sont incontestables, et à cause de cela ce serait une haute imprudence de satisfaire aux vœux et aux besoins de la démocratie sans accroître concurremment la force de la Chambre patricienne. Si les institutions démocratiques étaient trop fortifiées, avant que la Pairie ait été assez consolidée pour pouvoir limiter et modérer leur essor, c'en serait fait de la royauté et du Gouvernement constitutionnel lui-même, qui ne pourraient résister aux chocs fréquens dont ils seraient l'objet, ni aux atteintes violentes qui seraient dirigées contre eux. La France commencerait par être républicaine, et le Gouvernement républicain ne pouvant s'y soutenir, ferait bientôt place à l'anarchie jusqu'au jour où le despotisme viendrait la renverser.

Quand, après cinquante ans de révolutions successives provenant du mouvement ascendant de la société, le Gouvernement constitutionnel régulier et progressif qui en est sorti, est menacé dans son existence par la trop grande rapidité d'un mouvement accéléré, dont l'impétuosité mettrait l'ordre politique et l'ordre social en danger, il importe au maintien des améliorations déjà obtenues et aux succès des améliorations qui doivent surgir encore, de consolider le pouvoir conservateur destiné à régulariser et à modérer l'action du pouvoir progressif.

Plus donc le besoin d'une loi d'élection libérale et étendue se fait ressentir, plus aussi la consolidation de la Pairie et l'accroissement de son influence deviennent indispensables. Voilà pourquoi l'on s'accorde, dans l'opinion constitutionnelle, quelles que soient les nuances qui la distinguent, à reconnaître la nécessité d'une Chambre de pairs indépendante et fortement constituée.

La presse a reconnu également l'insuffisance de la constitution de la Pairie actuelle. *Les Débats* et *le Temps* voudraient que l'hérédité pût lui être rendue; *le Messager* penche évidemment vers cette opinion, qu'il soutient bien plus fortement que celle des partisans des divers systèmes électifs, au nombre desquels *le Siècle* et *le Commerce* se sont placés. Les autres organes de l'opinion publique sont presque tous d'accord sur la nécessité de réformer la constitution de la Chambre des pairs ; mais, ou ils regardent cette réforme comme inopportune, ou ils ne se sont pas encore arrêtés définitivement sur les moyens de l'opérer.

Quelle que soit l'origine défectueuse de la Chambre des députés et des conseils électifs, ils ne manquent encore ni de puissance ni d'influence. La Chambre des pairs, au contraire, est en butte aux diatribes d'une partie des organes de la presse et annihilée par l'indifférence de la plupart des publicistes du jour. Elle n'est considérée par les masses que comme un conseil d'État émané de la Couronne. Elle est, par le fait, incapable de remplir la haute mission politique que la Charte lui confère et trop faible pour soutenir la royauté si elle venait à chanceler. Un pair de France, convaincu de ce fâcheux état de choses, l'a signalé. Ce n'est qu'en appelant l'attention du Gouvernement et de la France entière sur les funestes conséquences qui peuvent en résulter que l'on parviendra à les prévenir.

C'est donc avec raison que l'insuffisance de la Pairie, comme pouvoir de l'État, a été proclamée par celui de ses honorables membres dont l'écrit vient de réveiller de graves discussions politiques. Il est bien reconnu que les modifications qu'elle a subies en 1831 l'ont affaiblie au lieu de la fortifier, comme cela eût été indispensable. L'attention publique s'est reportée sur sa constitution ; les partis ont dirigé leurs attaques contre elle ; la presse anarchique et la presse républicaine se sont unies pour la renverser. La presse véritablement constitutionnelle a reconnu la nécessité de la renforcer pour la rendre conservatrice des lois et des libertés que cinquante années de révolution ont données à la France.

La nomination directe des Pairs viagers, faite par le Roi, avec ou sans catégories, ne fera jamais, dans l'opinion publique, que créer dans ses mains un instrument passif, insuffisant pour lui donner un solide appui. Quoi que l'on fasse, ce mode de nomination annihilera toujours l'un des trois pouvoirs nécessaires au soutien de la monarchie constitutionnelle, et il établira entre le Roi et la Chambre élective une cause perpétuelle de luttes dangereuses à la suite desquelles, dans des circonstances fâcheuses, l'un ou l'autre de ces deux pouvoirs devra nécessairement succomber.

Lors de la modification de l'article 23 de la Charte constitutionnelle par la Chambre des députés, M. Bérenger, alors rapporteur, dit avec raison, au nom de la commission, qu'elle était effrayée de l'idée de voir placer dans une situation provisoire le corps de l'État qui, par cela même qu'il est permanent, a besoin de plus d'indépendance. Nonobstant cela, loin d'assurer sa force, la constitution qui lui fut donnée ne produisit qu'un effet diamétralement opposé. Tout le monde est tellement d'accord aujourd'hui sur ce point, que le temps est venu de rendre à la Pairie l'influence politique qui lui manque, en employant les moyens constitutionnels et légaux dont le rapport de M. Bérenger constate que, dès 1831, la Chambre des députés prévoyait l'usage, pour l'époque où des besoins mieux sentis et le vœu national rendraient leur emploi nécessaire.

La Pairie actuelle n'a qu'une force et une prépondérance insuffisantes, parce qu'elle n'a ni racines profondes dans les siècles passés, ni bases nécessaires dans les influences qui l'environnent; elle est étrangère au corps électoral, et comme la dignité des pairs est sans conséquences durables pour leurs familles, celles-ci ne sont pour eux que de faibles appuis.

Les orateurs qui ont le plus combattu contre l'hérédité de la Pairie ne prétendaient ni diminuer sa force ni annihiler son influence. Ils voulaient, tout en la livrant au pouvoir ministériel représentant du pouvoir royal, lui conserver sa puissance, soit au moyen de l'élection simple ou combinée, soit au moyen d'une élection préparatoire de la candidature; quelques-uns prétendaient trouver une garantie suffisante dans la limitation d'un nombre de pairs choisis, moitié par le Roi et moitié par le corps électoral; mais aucun des défenseurs de nos lois constitutionnelles ne voulait l'affaiblissement de l'indépendance patricienne. Chacun sentait trop bien que sans elle rien ne pourrait prévenir l'usurpation de tous les pouvoirs par une Chambre de députés que dirigeraient des hommes audacieux et habiles sous le règne d'un monarque faible par lui-même ou affaibli par des malheurs publics. Une presse dévergondée, profitant de ces revers de fortune, égarerait alors l'opinion versatile des électeurs, et quand même ce ne serait que passagèrement, le trône pourrait être renversé.

Déjà, nonobstant la sagesse, la force, l'habileté du Roi et des princes de sa famille, la prépondérance de la Chambre élective a été hautement réclamée et soutenue; beaucoup d'électeurs l'admettent, la presse l'a défend à outrance. Bientôt l'omnipotence parlementaire sera proclamée par elle, et si alors il n'y a qu'une seule Chambre influente, forte et indépendante, cette Chambre s'érigera en Convention; la royauté succombera, et sa chute entraînera celle de nos lois et de nos libertés publiques : s'il en arrivait ainsi, 1793 ne nous a que trop démontré quelles en seraient les funestes conséquences.

D'un autre côté, qu'un roi fort et victorieux veuille renverser la Charte et usurper tous les pouvoirs; que, soutenu par un ministère ambitieux, il profite d'un moment d'enthousiasme populaire pour égarer l'opinion du corps électoral, et que celui-ci, consulté, cédant à la ruse ou à la fraude, envoie à la Chambre élective une majorité vouée aux ministres du jour, c'en sera fait des lois de l'État et des libertés qu'elles garantissent à la France, si une Chambre des pairs fortement constituée n'est là pour les soutenir et pour les défendre.

La Pairie elle-même ne saurait méconnaître la nécessité de sa réorganisation politique : elle renferme trop de gens habiles et d'hommes d'État expérimentés pour ne pas sentir profondément la déchéance du pouvoir gouvernemental et la faiblesse de l'appui qu'elle peut lui donner; elle juge la situation du pays d'un point de vue plus élevée que la Chambre des députés ne peut le faire, parce que l'expérience de ses membres est plus grande et parce que les hautes fonctions qu'ils ont remplies pendant les diverses phases de la révolution leur ont appris à apprécier les causes de la chute de tous les gouvernemens qui depuis cinquante ans se sont succédés en France.

La Pairie sait où est le mal; elle mesure avec inquiétude la profondeur des plaies qui nous affligent; elle voudrait les guérir et replacer le pouvoir dans la région supérieure où il faudrait qu'il restât toujours dans l'intérêt du pays; mais elle sent profondément son impuissance actuelle, et elle aspire à une réorganisation capable de lui rendre toute la force que la loi de 1831 lui a enlevée.

On a dit avec raison que, bien que la Charte veuille que nous ayons deux Chambres, nous sommes menacés, par la constitution actuelle de la Pairie, de n'en avoir qu'une dans un certain nombre d'années; en sorte que, tant que l'on n'aura pas porté remède à ce vice radical, la France ne sera pas définitivement constituée.

Dans le moment d'effervescence qui a suivi la révolution de Juillet, la Constitution de la Pairie n'a été que provisoirement votée. L'expérience en a démontré tous les défauts : il n'y a plus en France trois pouvoirs distincts capables de se faire équilibre entre eux. La Pairie est absorbée par la prérogative de la Couronne, et la démocratie se trouve en contact immédiat avec la royauté. Où il n'y a plus que deux pouvoirs en présence, l'un d'eux doit inévitablement succomber : sera-ce le Roi ou sera-ce la Chambre élective?

L'ascendant que la Pairie actuelle conserve encore sur les hommes que l'esprit de parti n'égare pas, n'est dû qu'aux illustrations qu'elle renferme et à la sagesse de ses délibérations; mais, outre que cet ascendant n'est ni aussi général ni aussi grand qu'il devrait être, il n'est en réalité que viager et circonstantiel. Tant que la Pairie ne tiendra pas sa force d'elle-même, elle ne remplira qu'imparfaitement les hautes fonctions qui lui sont attribuées; elle ne pourra pas s'interposer efficacement entre le pouvoir démocratique et le pouvoir royal, pour modérer leur action, et elle ne sera pas véritablement un pouvoir conservateur, parce qu'il faut, ainsi qu'on l'a souvent dit, qu'un corps tienne sa force de lui-même, et non des brillantes individualités qui le composent.

Chez un peuple qui raisonne, la publicité des discussions et le droit d'initiative, si indispensables à tout pouvoir politique, sont insuffisans, sans sa bonne et forte constitution, pour lui donner une réelle et solide influence. Vainement le mérite, le talent, le patriotisme, le dévouement de ses membres tendraient-ils, comme aujourd'hui, à le relever beaucoup au-dessus du rang que son organisation fautive semblerait devoir lui assigner : la faiblesse de sa constitution finirait toujours par lui faire perdre sa puissance.

On ne peut nier que, sous le rapport législatif comme sous le rapport judiciaire, la Pairie française n'ait rendu de grands services au pays depuis 1830 ; on ne peut nier qu'elle n'offre encore, malgré les pertes qu'elle a faites, la réunion la plus imposante des célébrités et des illustrations les plus remarquables : la gravité, la sagesse, la profondeur de ses délibérations, la modération, l'humanité, la clémence de ses arrêts judiciaires sont incontestables ; la dignité de ses séances pourrait être citée ailleurs pour modèle ; et pourtant nous ne pouvons méconnaître qu'elle n'est point ce qu'elle devrait être ; qu'elle n'a ni l'énergie, ni la puissance d'un corps qui vit et qui se soutient par le principe de son institution ; qu'elle ne doit l'autorité qui lui reste qu'à des illustrations personnelles, et que si, avec le temps et par de mauvais choix, l'éclat que répandent sur elle les hommes remarquables qui siégent dans son sein venait à s'effacer, la Chambre des pairs s'éteindrait insensiblement, sans pour ainsi dire que l'on se fût aperçu comment aurait disparu l'un des trois grands pouvoirs que la Charte a reconnus indispensables.

En quoi consiste l'importance de la Pairie actuelle.

En 1830, on pouvait encore fonder aisément une Chambre des pairs, en y rassemblant les noms glorieux et les hautes notabilités qui abondaient en France, à la suite des prodigieux événemens qui venaient de s'y succéder depuis quarante ans ; mais en temps ordinaire, aux époques de calme qui sont toujours les plus désirables et les plus heureuses pour les peuples, les grandes illustrations seront peu nombreuses, et leur quantité se trouvant insuffisante pour recruter une Chambre dans laquelle l'hérédité ne conduira pas, le peu d'illustration d'un grand nombre de pairs nouveaux nuira nécessairement à l'influence et à la considération de la Chambre dans laquelle ils seront entrés.

Avec la constitution actuelle de la Pairie, les grands noms qui s'y trouvent encore, devant disparaître d'ici à peu d'années, la Chambre des pairs sera bientôt peuplée, ainsi que l'a remarqué le journal des *Débats*, d'anciens députés fatigués et d'obscurs fonctionnaires en retraite. De quelle influence pourra-t-elle jouir alors, et quelle sera sa force, quand tous ses membres seront les élus de ministres auxquels l'opinion publique les accusera de s'être vendus par avance, au prix de la dignité dont ils seront revêtus? Il est malheureusement évident que tant que la Pairie n'aura pas de principe constitutif suffisant, et que tant qu'il n'aura pas été porté remède au vice radical de son organisation, la tranquillité de la France ne sera pas assurée.

Nommé pair en 1835, conformément à l'article 23 de la Charte, je ne me suis déterminé qu'à regret à proclamer l'insuffisance de la constitution de la Chambre dans laquelle la bonté du Roi m'a fait entrer. Je ne l'ai fait que par la conviction intime que la Pairie constituée telle qu'elle est maintenant n'est ni assez forte, ni assez influente, pour remplir ses hautes fonctions politiques.

Un corps ancien ou puissant par lui-même peut accroître l'influence de ceux qui le composent et faire rejaillir son éclat sur ceux appelés à le recruter ; mais un corps nouveau et faible par sa constitution, ne peut recevoir son importance et son lustre que de ceux qui en font partie. Il ne faut donc pas qu'une Chambre de pairs nouvelle puisse jamais être composée d'hommes sans rang éminent, sans éclat bien constaté, ou sans une fortune très-considérable. Ces conditions sont essentielles au soutien de l'aristocratie que la Pairie doit représenter et qui ne saurait jamais se maintenir dans un gouvernement représentatif, si, sous ces divers rapports, ses membres n'étaient supérieurs à ceux de la représentation démocratique. Ces derniers n'ont pas besoin des mêmes avantages pour jouir d'une grande influence, parce que, étant les élus du peuple, ils sont toujours suffisamment agrandis et renforcés par l'assentiment populaire auquel ils doivent leur élévation.

En peut-il être de même, dans un gouvernement aussi progressif que le nôtre, à l'égard des fonctionnaires qui n'arrivent à la Pairie que quand d'autres fonctionnaires plus jeunes, plus actifs et plus en vue ont déjà fait oublier leurs anciens services; ou à l'égard d'anciens députés qui n'y arrivent souvent que quand ils ne peuvent plus obtenir les suffrages qui les avaient élevés et quand les députés les plus en vue préfèrent leurs bancs aux fauteuils de la Chambre patricienne.

Chaque année, selon la remarque de M. le comte d'Alton-Shée, les divers ministères qui se succèdent introduisent, sous le nom du Roi, dans la Chambre des pairs, de nouveaux membres choisis parmi les hommes qui leur sont dévoués; et comme la Chambre élective offre plus de moyens d'avancement et de distinctions, les nouveaux pairs sont presque toujours choisis parmi des illustrations vieillies ou d'un ordre secondaire. C'est là une bien faible garantie de la force et de l'influence du pouvoir conservateur, surtout quand ceux qui en font partie peuvent cumuler avec les fonctions législatives et judiciaires, que leur nomination leur impose, d'autres fonctions rétribuées et amovibles, dont les émolumens leur sont indispensables pour soutenir le haut rang auquel leur dignité les élève.

Par là la garantie que l'on a prétendu trouver dans l'inamovibilité de la Pairie est annulée, et il sera impossible qu'il en soit autrement tant que l'incompatibilité des fonctions législatives avec certaines autres fonctions rétribuées ne sera pas prononcée positivement par la loi.

Remarquons pourtant qu'entre les membres de la Chambre élective et ceux de la Chambre patricienne il existe de grandes distinctions à faire, relativement au cumul de leurs fonctions législatives avec les autres fonctions publiques : les députés sont les représentans de l'opinion démocratique et progressive; ils ont leur notabilité à acquérir; les pairs, au contraire, sont les représentans de l'opinion aristocratique et conservatrice; leur notabilité est toute acquise. Les premiers doivent avoir en vue leur élévation par les services qu'ils rendront à leur patrie; les autres sont si élevés qu'ils ne peuvent s'élever davantage. Ce qui pourrait séduire des députés passagèrement au pouvoir ne pourrait donc séduire des pairs inamovibles, auxquels rien ne pourrait l'enlever. Et d'ailleurs, comme le propre de la Pairie devrait être d'attirer à elle toutes les plus grandes notabilités de la France, le Gouvernement et le pays même pourraient souffrir de son incompatibilité trop absolue avec l'exercice des autres fonctions publiques rétribuées. Il serait donc nécessaire que l'exercice de celles-ci ne pût jamais que suspendre le droit de siéger au Luxembourg et celui de percevoir les indemnités qui pourraient y être attachées.

Il serait même convenable que l'exercice de la Pairie ne fût point exclusif de celui des hautes fonctions publiques remplies dans le département de la Seine. Le cumul de ces fonctions, qui ne permettrait point celui des indemnités, ne porterait d'ailleurs aucune atteinte ni à l'autorité ni à l'indépendance législative, pourvu que tous ceux de leurs titulaires qui auraient élaboré et présenté les projets de loi ne pussent que les discuter dans les Chambres dont ils feraient partie, sans pouvoir voter sur eux.

Au surplus toutes les fonctions, même celles rétribuées, ne sauraient être considérées comme des causes d'influence sur ceux qui les remplissent : il est des places tellement élevées qu'elles ne peuvent être occupées que par un petit nombre de personnages éminens; et, d'autre part, il est des personnages que leur élévation met au-dessus de tous les moyens de séduction. Les Guizot, les Thiers, les Odilon-Barrot, les Laffitte, les Arago, les Berryer ne peuvent être dirigés que par leurs convictions dans la Chambre élective; ils s'y sont placés au-dessus du portefeuille qu'on pourrait leur offrir. Le désir d'obtenir ou de conserver un ministère n'influerait pas davantage sur les opinions des Soult, des Molé, des Broglie, des Gérard, des Gauthier, des Gasparin, des Mounier et de la presque totalité de leurs collègues dans la Chambre patricienne. Ce sont les emplois amovibles, ceux surtout qui présentent de grandes chances d'avancement, livrées à l'arbitraire ministériel, qui doivent être considérés comme portant atteinte à l'indépendance des législateurs qui les acceptent. Ces sortes de fonctions sont incompatibles avec la députation, et elles sont au-dessous de la dignité d'un pair de France. Quand on a l'honneur d'être pair ou député, on ne peut plus avoir que sa conviction pour guide et sa conscience pour appui.

La proposition sans cesse renouvelée par M. Gauguier, et prise en considération lors de la dernière session par la Chambre élective, est donc, sous ce rapport, éminemment sage; il est évident que la réélection des députés qui acceptent des fonctions salariées n'est pas une garantie de leur indépendance. Non-seulement les faits l'ont prouvé, mais avec le petit esprit de localité et d'intérêt particulier qui dirige les votes par le mode d'élection actuel, un député qui doit son élection à ces mesquines et déplorables influences, est encore bien plus certain d'être réélu quand il a obtenu une fonction lucrative qui atteste le crédit dont il pourra faire usage en faveur de ses mandataires, qu'il ne l'était avant d'avoir obtenu la preuve du crédit dont il jouit vis-à-vis des ministres du jour.

Un député ou un pair ne peut examiner avec l'indépendance et l'impartialité convenables la conduite des ministres et les faits ministériels, quand sa position, comme fonctionnaire public salarié par l'État, le met dans leur dépendance immédiate.

Nous allons plus loin, et nous soutenons que l'incompatibilité législative devrait s'appliquer aux ministres eux-mêmes, dont les siéges devraient rester vacans dans nos deux Chambres pendant toute la durée de leurs hautes fonctions administratives. Un ministre qui présente une loi ne peut voter sur elle sans un contre-sens dont l'absurdité aurait dû paraître évidente. C'est encore bien pis quand il présente des comptes ou quand il demande un bill d'indemnité.

Certes, on ne nous accusera pas de vouloir porter atteinte au pouvoir exécutif : nous avons fait nos preuves sous ce rapport; nous avons toujours voté pour les mesures qui pouvaient le fortifier sans blesser la justice; nous le ferons encore tant que nous aurons à redouter sa faiblesse : mais nous sommes pleinement convaincu que l'accumulation des fonctions ministérielles, et même de celles dépendantes du ministère avec les fonctions législatives, est toujours une cause de suspicion et de crainte envers lui. Nous croyons qu'elle porte atteinte à sa dignité et à sa puissance : nous regardons donc comme un devoir de la repousser, autant que cela serait possible, sans nuire au bien du pays.

D'autre part, l'espoir d'obtenir des fonctions rétribuées a été, dit-on, pour un grand nombre de législateurs, une cause incessante de vénalité, d'opposition et d'intrigues, d'où sont résultés l'instabilité du pouvoir, son discrédit dans l'opinion publique, et l'ébranlement des bases du Gouvernement constitutionnel. Il est, assure-t-on, des hommes qui votent en faveur du ministère, contre leurs convictions personnelles, pour obtenir des emplois salariés ; il en est d'autres, dit-on encore, qui votent contre lui pour faire arriver au ministère ceux qui leur promettent ces emplois ; beaucoup ne semblent se jeter dans des partis extrêmes que pour arriver au pouvoir ou pour y conduire leurs amis. Chacun voit que la chose publique souffre de tout cela, et par suite la tranquillité du pays et la considération due aux pouvoirs constitutionnels sont compromises. Nous aimons à penser que ce ne sont là que des calomnies ; mais il suffit qu'on les répande pour que le Gouvernement qui les souffre soit discrédité dans l'opinion de la France. Il en est de nos législateurs et de nos ministres comme de la femme de César : leur vertu ne doit pas être soupçonnée.

Il n'en serait pas ainsi si les législateurs, ne pouvant cumuler aucun autre emploi salarié qui les mettrait dans la dépendance ministérielle, étaient indemnisés comme législateurs, et si, quand ils accepteraient ces sortes de fonctions rétribuées, ils étaient par là même placés, pendant le temps où ils les exerceraient, hors de leurs fonctions législatives. Les membres de nos deux Chambres, ainsi que les ministres, verraient alors leur considération s'accroître avec rapidité ; et, certes, ce ne serait ni au dépens de leur influence sur les électeurs, ni aux dépens de leur prépondérance sur le pays.

Il y aurait d'ailleurs, sous le rapport politique et dans l'intérêt du progrès social, un avantage immense à ce que les membres des deux Chambres reçussent un traitement : c'est qu'alors ils pourraient se consacrer entièrement à l'accomplissement de leurs devoirs de pairs ou de députés, qui, quoi que l'on en dise, ne sauraient être compatibles avec un grand nombre d'autres emplois publics, surtout avec ceux qui les éloigneraient de Paris. Toujours ces autres emplois seraient mal remplis, et presque toujours la responsabilité ministérielle pourrait en souffrir.

Observons à ce sujet que jusqu'en 1830 les pairs ont été indemnisés par des pensions, et que ce n'est qu'après la chute de l'Empire que les membres de la Chambre élective ont renoncé par enthousiasme aux indemnités dont leurs prédécesseurs avaient constamment joui. Le Gouvernement d'alors oberré y applaudit par un triple motif : l'économie, qui lui était indispensable pendant l'occupation étrangère, le désir d'éloigner de la députation les hommes sans fortune, et enfin celui d'attirer à lui ceux d'entre eux qui y parviendraient par l'appât des places lucratives, des pensions et des secours qu'il serait à même de leur offrir. Ce que la Restauration a fait ne doit plus se faire aujourd'hui.

Non-seulement l'indépendance des membres des deux Chambres serait accrue par les indemnités qui leur seraient attribuées légalement, mais encore l'esprit d'opposition exagéré qui vicie souvent la discussion des lois les plus importantes serait anéanti; l'ambition et l'intérêt personnel cesseraient d'égarer beaucoup d'hommes de mérite, par cela seul qu'ils ne pourraient plus cumuler les fonctions législatives avec la plupart des autres fonctions rétribuées, et le Gouvernement acquerrait plus de force en raison de ce que les ministères auraient plus de stabilité.

Comment d'ailleurs faire économiser l'argent du trésor par ceux qui, appelés à voter les subsides, ne peuvent consacrer un temps suffisant à l'examen des recettes et des dépenses du budget, faute d'avoir par eux-mêmes assez de fortune pour vivre long-temps à leurs dépens éloignés de leurs foyers, et pour soutenir hors de chez eux le rang que l'honneur de la députation ou la dignité de la Pairie leur imposent? Faut-il qu'ils se fassent les commensaux des ministres? Faut-il qu'ils mendient des pensions, des gratifications, ou, ce qui est plus fâcheux encore, des fonctions publiques salariées qui, si elles sont utiles, ne pourront être que mal remplies, par eux, pendant le cours des cessions législatives, et qui, si elles sont des sinécures inutiles, causeront au pays un surcroît de dépense que rien ne saurait justifier? Tout cela me semble au-dessous de la position de nos législateurs.

On craint que leurs fonctions ne perdent de leur dignité quand elles seront salariées et qu'elles ne servent alors de point de mire aux petites ambitions nécessiteuses. Ce sont là de graves erreurs, dans un pays où il y a déjà tant de hautes fonctions rétribuées, à commencer par celles des ministres, et où les fonctions royales elles-mêmes sont rétribuées par la liste civile, sans que personne ait jamais pu croire que cela portât atteinte à leur dignité. On ne saurait craindre davantage que les petites ambitions nécessiteuses usurpent les places de législateur, quand d'une part la Pairie ne se recrutera que de hautes notabilités et que de l'autre les députés seront nommés par des électeurs indépendans, qui eux-mêmes auront dû leurs fonctions à l'estime des électeurs primaires, desquels ils tiendront leur mission. Remarquez, d'ailleurs, que si les députés ne sont pas indemnisés, c'est un privilége accordé aux habitans de Paris qui ne se déplacent pas pour assister aux séances, sur les habitans des autres parties de la France qui font de grands frais pour s'y rendre : une indemnité de route et une de séjour à Paris abolirait ce privilége et serait de toute justice.

Si la capacité doit donner le droit d'élection et celui d'éligibilité, sans qu'une grande fortune y soit jointe, il s'ensuit naturellement que les députés doivent recevoir un traitement; car, quelque capable que l'on soit, il faut vivre; et l'on ne peut avoir des députés sans traitement siégeant avec d'autres qui en recevraient. Tous doivent donc être suffisamment indemnisés des frais que leur déplacement leur occasionne; c'est là, la conséquence nécessaire de l'introduction des capacités sans fortune dans le corps électoral et dans le classe de l'éligibilité.

Mais les députés capables peuvent, par les services qu'ils rendent à l'État et par l'illustration que ces services leur donnent, entrer dans la Chambre des pairs, sans avoir acquis de fortune. Cette Chambre, d'ailleurs, doit se recruter d'hommes que leur capacité a illustrés ou qui jouissent déjà, à divers titres, d'une illustration que la fortune n'accompagne pas toujours. L'introduction des capacités dans le corps électoral et dans la classe des éligibles entraîne donc après elle, avec le traitement des députés, celui des pairs de France. S'il en était autrement, la Pairie deviendrait l'apanage exclusif de la richesse, et les députés qui ne la posséderaient pas ne pourraient y parvenir qu'en cumulant avec elle d'autres fonctions rétribuées.

On ne saurait disconvenir que la fortune de plus des trois quarts des députés ne leur permet de supporter que péniblement les dépenses que leur nécessite leur séjour à Paris pendant le temps des sessions législatives. C'est là une des principales causes de la nullité des discussions les plus importantes, lorsque la session est avancée; les premiers mois se perdent en nominations de bureaux, en vérification de pouvoirs et en discussions irritantes; les suivans en nominations de commissions, et, quand les rapports peuvent se faire vers la fin des sessions, ou on ne discute plus les lois, ou on les renvoie à la session suivante afin d'en finir plus tôt.

Il n'en serait pas ainsi si les députés et les pairs étaient indemnisés de leurs dépenses pendant la durée des sessions. On ne verrait plus alors la Chambre élective dissoute par le fait le lendemain du vote du budget, avant que la Chambre des pairs ait pu discuter cette loi, la plus importante de toutes, et sans qu'elle ait pu y apporter les améliorations nécessaires au bien du pays.

Certes, si la Chambre des pairs pouvait modifier le budget, son influence serait par cela seul accrue fortement. Le Trésor public y trouverait de grands avantages par suite des sages économies et du bon emploi des deniers de l'État, et ces avantages paieraient amplement la dépense résultante des indemnités à voter en faveur des membres des deux Chambres.

Il y aurait encore un avantage réel à ce qu'en temps ordinaire les sessions législatives commençassent toujours à des époques fixes, et jamais avant les dix derniers jours de l'année. Les habitans de Paris, qui voudraient qu'elles commençassent plus tôt, semblent ignorer que les législateurs français tirent la plupart de leurs revenus de leurs propriétés territoriales, et que, par la nature même des choses, ce n'est guère que dans les deux derniers mois de l'année que ces revenus peuvent se percevoir, parce qu'ils doivent suivre les récoltes. Demander aux pairs et aux députés d'aller à Paris avant cette perception serait les contraindre ou à manquer de se rendre aux Chambres dès les premiers momens fixés pour leur réunion, ou à faire des pertes considérables qui abrégeraient beaucoup leur séjour à Paris et limiteraient nécessairement la dépense qu'ils peuvent y faire. Loin d'être à même de prolonger plus long-temps leur présence dans les assemblées législatives, ils seraient donc contraints, par l'époque prématurée des sessions, de hâter leur retour dans leurs foyers. Le temps de l'hiver est toujours le plus dispendieux pour en être éloigné ; forcer les pairs et les députés à passer plus de temps à Paris pendant cette saison, serait les forcer à raccourcir leur séjour dans la capitale, parce que chacun d'eux n'a qu'une partie fort limitée de ses revenus disponibles pour cet objet. Il y a peu de grandes fortunes en France ; les dépenses de déplacement y sont donc très-lourdes pour la grande majorité des membres des deux Chambres : il importe de ne jamais l'oublier.

Sans doute que la richesse des pairs serait une garantie de leurs intérêts conservateurs ; mais si cette garantie était isolée de celle que donne la considération publique acquise par une illustration réelle ou par des services positifs rendus à l'État, elle ne servirait qu'à exciter l'envie et souvent la haine contre la Pairie, dont alors elle n'accroîtrait plus la force, l'influence et l'éclat.

Voudrait-on que la richesse, bien ou mal acquise, fût la base nécessaire sur laquelle s'élèverait la Députation et la Pairie ? Certes, cette sorte d'aristocratie serait encore mille fois plus dangereuse et plus humiliante pour la démocratie que celle que la révolution a détruite, et qui, malgré sa constitution abusive, avait encore l'honneur pour principe et le service de la patrie pour but, lors même que son origine avait été faussée par la violence, la faveur ou la vénalité.

Mais revenons à l'insuffisance de la Pairie telle que la loi de 1831 l'a organisée.

Les tables de mortalité ont démontré et les faits ont confirmé que, depuis cette époque, il mourait, année commune, de treize à quatorze pairs, au moins un vingtième de leur nombre. Cette proportion ne fera que s'accroître encore tant que la loi de 1831 permettra seule de remplacer ces pertes. Il faudra donc, pour tenir au complet une Chambre de trois cents membres, nommer environ quinze pairs chaque année : ce sera beaucoup pour le nombre d'illustrations véritables à appeler annuellement dans la Chambre patricienne, qui ne pourra attirer à elle les grandes influences de la Chambre des députés, celles-ci devant vouloir y rester pour conserver leur prépondérance sur le Gouvernement et pour diriger l'opinion qu'elles représenteront : ce ne sera donc que les députés que l'opinion publique aura abandonnés ou qu'elle aura oubliés qui arriveront à la Pairie, et alors ils ne pourront plus lui donner qu'un faible appui, en France surtout, où l'opinion est si oublieuse et si versatile.

La Pairie viagère, qui ne pourrait tirer son influence et sa force que de la très-grande notabilité de ses membres, ne retirera ainsi de la plupart de ceux qu'elle admettra dans son sein qu'insuffisance et inutilité, sous le rapport de l'accroissement et même de la conservation de sa prépondérance politique. Cela seul suffira pour l'anéantir tout-à-fait avant dix ans, si sa constitution reste ce qu'elle est aujourd'hui.

On dira peut-être : Rendez la Chambre des pairs moins nombreuse, et vous aurez besoin d'une moindre quantité d'illustrations douteuses pour la compléter. Mais cela ne pourrait se faire sans trop concentrer les pouvoirs de ses membres dans un pays aussi vaste et aussi peuplé que la France ; quand surtout ce sont nécessairement des vieillards, auxquels l'âge et les infirmités ne permettent ni un grand travail ni une constante assiduité, qui seuls sont aptes à la former.

Des promotions de pairs de France.

On reconnaît donc avec raison que la loi de 1831 doit être modifiée pour que la Pairie française puisse remplir dignement et convenablement ses hautes et importantes fonctions politiques.

Le *Journal des Débats* lui-même a reconnu que la constitution actuelle de la Pairie ne pouvait être considérée comme définitive, et que la Chambre des pairs n'avait ni le rang , ni l'influence, ni l'autorité réelle qu'elle devrait avoir. « C'est, dit-il, « vers la Chambre des députés que se portent toutes les ambi- « tions qui se sentent de la force et de l'avenir. On recherchait « avidement la Pairie sous la Restauration; on la craint presque « aujourd'hui comme le signal de la retraite. La Pairie n'a pas de « principe constitutif; elle devrait être un pouvoir dans l'Etat, « et elle tire son origine d'un des pouvoirs même qu'elle est « chargée de contrôler. On a voulu avoir deux Chambres; certes, « on a eu raison : mais on a oublié, en établissant la Chambre « des pairs, de lui donner une existence propre; nous avons « une Chambre des pairs, soit! mais nous n'avons pas de Pairie.»

C'est à cause de cela que le Gouvernement ne marche qu'avec peine et que chaque jour il perd de son autorité. Cette situation déplorable ne pourrait durer long-temps sans amener sa chute. Nous sommes encore dans un moment d'engourdissement; on est las des secousses révolutionnaires : voilà ce qui, pour l'instant, empêche le Gouvernement de tomber; mais la fermentation, qui ne se montre que faiblement par les actions, est dans toutes les têtes. Le calme dure encore, hâtons-nous d'en profiter pour réformer la constitution de nos deux Chambres.

C'est dans les temps calmes qu'il faut fortifier le pouvoir, pour le mettre en état de résister dans les circonstances périlleuses : on ne constitue pas les pouvoirs au milieu des tempêtes. Le sol tremblait encore quand on a fait les deux Chambres telles qu'elles sont, c'est-à-dire quand on a donné à l'élection des bases trop étroites et énervé la Pairie. Le terrain s'est raffermi par la cessation momentanée des orages; sachons en profiter pour le consolider tout-à-fait, en donnant une bonne et forte constitution à nos deux pouvoirs législatifs.

On convient généralement que, tandis que la Chambre des députés doit être essentiellement active et progressive, celle des pairs doit être essentiellement modératrice et conservatrice. C'est précisément parce que la première doit être progressive qu'elle ne doit provenir que de l'élection, et que ses membres doivent être choisis parmi les capacités que leurs talens, plutôt que leur fortune, doivent faire élire. Mais aussi, comme cette Chambre pourrait être tellement progressive, que la vivacité avec laquelle elle voudrait opérer le mieux pourrait rendre le bien impossible, il faut, pour régulariser son action, qu'il se trouve à côté d'elle et à son niveau une autre Chambre également puissante, assez forte pour lui résister au besoin et pour assurer la continuité du mouvement social en le dirigeant et le modérant à propos.

Distinctions entre la nature des deux Chambres.

Les députés doivent être les moteurs de la machine constitutionnelle ; les pairs doivent en être les régulateurs.

Si la Chambre des pairs tirait son origine de l'élection, comme celle des députés, en devenant, comme elle, pouvoir moteur et progressif, elle perdrait son caractère essentiel de pouvoir modérateur et conservateur. La machine sociale, recevant une double impulsion dans un seul et même sens, et ne pouvant se modifier en raison des obstacles qu'elle rencontrerait, courrait rapidement à une chute certaine ; et la royauté, troisième pouvoir constitutionnel, deviendrait trop faible pour supporter le double choc contre lequel elle devrait sans cesse résister.

On a pourtant dit que, dans l'état actuel des esprits, l'élection est l'unique source de l'autorité politique, et qu'elle suffit pour donner une puissance réelle.

L'élection n'est pas l'unique source du pouvoir.

Examinons cette assertion erronnée, sortie de l'arsenal des idées républicaines, et qui, prise dans un sens absolu, est aussi inappliquée qu'inapplicable.

L'élection est, dit-on, la source de toute autorité politique ; est-elle donc la source de l'autorité exclusive qu'exercent les électeurs censitaires en nommant des députés et des conseillers chargés de voter des impôts et des lois obligatoires pour tous les citoyens, pour ceux qui sont imposés au-dessous du cens électoral comme pour ceux qui l'acquittent?

D'où vient encore l'héridité de la royauté, qui confère un pouvoir et qui certainement a tiré son origine d'une nécessité du moment, plutôt que d'une élection libre, émanée de tous les citoyens qui doivent lui obéir, sans que son autorité puisse être contredite ou renouvelée par une élection nouvelle?

Le principe de l'élection a été vicié par ceux qui ont fixé un cens électoral et décerné une royauté héréditaire, en ce qu'ils ont usé d'une autorité qu'ils se sont attribuée au-delà d'un vœu électoral manifesté par la majorité des citoyens, dont la pres-que totalité n'a pas même été consultée dans ces graves circon-stances. Il est encore vicié chaque jour, par cela seul que le passé a pu enchaîner le présent et l'avenir en assurant l'héré-dité de la royauté et celle des droits électoraux attachés à l'hé-rédité de la propriété.

Les députés qui, en 1830, rédigèrent la Charte nouvelle. n'a-vaient pas reçu mission, pour cela, du petit nombre de citoyens qui avait concouru à leur élection; ils ne tinrent que des circon-stances l'autorité dont ils s'emparèrent, et le peuple n'accepta que tacitement la loi qu'ils lui firent. L'appel au peuple lui-même, s'il eût été fait, n'eût été qu'une absurdité; car alors la très-grande majorité des citoyens n'eût pas voté ou n'eût voté qu'en ignorance de cause.

L'élection n'est donc pas l'unique source de l'autorité politi-que dans l'état actuel des esprits. Suffit-elle seule pour confé-rer une puissance réelle? Cette seconde assertion n'est pas plus vraie que l'autre, à moins que l'on ne confonde, avec la puis-sance que l'on dit être exercée en vertu du droit d'élection, la puissance de fait exercé en vertu du droit du plus fort.

Peut-on d'ailleurs appeler élection la nomination d'un ministre par le Roi, et celle de tout autre fonctionnaire par un ministre? Ce serait pousser loin l'argutie que d'attribuer ces nominations au principe électoral, et pourtant elles confèrent une puissance réelle, même encore aujourd'hui.

Le sort qui désigne les jurés, parmi les citoyens que la loi et non l'élection a reconnus aptes à en faire partie, n'investit-il pas ceux qu'il désigne de la plus redoutable des autorités politiques, de celle de disposer de la propriété, de la liberté, de la vie même des citoyens qui, en vertu de la loi, seront traduits devant eux ?

Si c'est l'élection qui décerne les places données au concours, on conviendra au moins que, dans cette circonstance, un bien petit nombre de juges remplissent seuls les fonctions d'électeurs au nom de tous ceux de leurs concitoyens qui devront reconnaître l'autorité politique des élus. N'arriverait-on pas ainsi, en poussant le principe de l'élection jusqu'à son dernier terme, à dire que c'est en vertu du droit d'élection que le sultan nomme un visir, un pacha ou un aga de janissaires ?

Est-ce l'élection enfin qui, chez nous, même en juillet 1830, donna aux triomphateurs des trois glorieuses journées la puissance politique dont ils prétendirent user au nom de toute la France, pour renverser un Gouvernement établi, et charger quelques anciens députés d'en refaire un autre ?

Si les révoltés de juin, d'avril et de mai, qui furent repoussés par la force publique, agissant par l'impulsion du pouvoir exécutif confié à la royauté de 1830, l'eussent emporté sur elle, aurait-ce été l'élection qui aurait conféré au petit nombre de mécontens, soulevés contre le pouvoir légal qui domine encore aujourd'hui, la puissance dont ils auraient abusé pour troubler l'ordre public et pour renverser le Gouvernement actuel ?

Disons-le donc sans feinte : la puissance réelle ne vient pas plus de l'élection que de la légitimité ou de l'hérédité ; elle n'appartient, par le fait, qu'au plus fort. Si l'on voulait parler du droit à la puissance, nous dirions qu'il n'appartient qu'au plus juste et à celui qui l'exerce le plus utilement pour ceux qu'il gouverne.

Le principe de l'élection que l'on nous vante tant est d'ailleurs lui-même presque toujours faussé dans ses applications ; cela a lieu surtout quand un très-grand nombre d'électeurs sont appelés pour désigner un très-petit nombre d'élus, que la plupart d'entre eux ne connaissent point et ne sauraient apprécier. A cause de cela, c'est presque toujours l'intrigue qui détermine les choix dans les assemblées électorales nombreuses. Il suffit qu'une presse perfide ou mensongère trompe les votans pendant quelques jours pour que leurs choix soient défectueux. Quelques électeurs plus actifs ou plus intrigans que les autres dirigent le troupeau électoral, et quand la nomination est faite, on entend chacun dire : Connaissez-vous notre élu, ou ne regrettez-vous pas de l'avoir nommé? Voilà comme se font les élections de ceux auxquels le peuple confère, dit-on, la puissance ! En Angleterre, elles se font à coups de poings ; en France, elles se font à coups de calomnies et d'intrigues.

La Pairie ne peut tirer son origine des mêmes électeurs que la députation.

Dans une telle occurrence, n'avons-nous pas assez d'un seul pouvoir électif, et ne serait-il pas imprudent de confier à-la-fois aux manœuvres et au hasard de l'élection la constitution de nos deux Chambres législatives?

Si, d'ailleurs, une Pairie élective tirait son origine du même corps électoral que la Chambre des députés et que les conseils de département, d'arrondissement et de communes, ses opinions seraient aussi mobiles et aussi rapidement progressives que les leurs. Quand même elle se ramifierait, comme les corps représentatifs actuels, dans toutes parties de l'État, elle ne pourrait ni modérer, ni régulariser le mouvement progressif dont la rapidité et l'irrégularité ne permettraient jamais aux institutions d'acquérir aucune stabilité.

Deux Chambres élues par les mêmes colléges électoraux se trouvant en concurrence, ne feraient assaut qu'à la course, et de leur rivalité résulterait une chute plus prompte et plus terrible encore que de l'empressement inconsidéré que les membres d'une seule Chambre pourraient mettre à opérer ce qu'ils considéreraient comme des améliorations sociales.

Si les mêmes électeurs nommaient les députés et les pairs, ce résultat serait certain ; il le serait même encore, si ces électeurs ne faisaient que présenter des candidats à la Pairie, parce que ce ne seraient que ceux dont le penchant au mouvement serait le plus constaté qu'ils honoreraient de leurs suffrages. Les intérêts de fortune, de position, de naissance, des pairs présentés, ne suffiraient pas pour les rendre assez puissamment modérateurs ;

leurs antécédens, rapidement progressifs, les rendraient toujours, malgré leur changement de position, trop progressifs encore pour qu'ils pussent modérer l'essor des corps qui auraient été élus simultanément avec eux.

Une Chambre de pairs, appelés par le choix du Roi, fait parmi des candidats que présenteraient les mêmes électeurs qui auraient nommé les députés, serait d'ailleurs, par cela seul, frappée d'impuissance dès son origine ; elle n'aurait jamais, vis-à-vis des électeurs, une influence capable de balancer celle de la Chambre où l'élection aurait conduit directement, et si des conditions restrictives avaient été posées pour déterminer l'aptitude à la candidature patricienne, ces conditions, n'ayant pas été imposées pour déterminer le choix direct des députés, les électeurs auraient toujours une moindre confiance dans les pairs, par cela seul qu'ils n'auraient pu les choisir que dans une certaine série d'individus toujours plus restreinte.

Nous avons en Belgique l'exemple d'un Sénat recruté par le choix du Roi, exercé sur des candidats que les électeurs présentent parmi les hommes les plus riches du pays : l'illustration n'y conduit pas ; ses membres sont nommés à vie ; ils sont de moitié moins nombreux que les députés ; leur nombre est fixe ; on ne peut ni le réduire par un coup-d'état ni l'étendre par fournées, et pourtant à peine les noms des sénateurs belges sont-ils connus, et à peine leur influence est-elle sensible.

Les procerès, en Espagne, sont, comme les sénateurs belges, sortis de l'élection populaire : qui pourrait dire leurs noms hors de la salle où ils délibèrent? quelle est leur influence sur la législation et de quelle utilité sont-ils pour le pays?

Pour qu'une Chambre de pairs puisse s'interposer utilement entre la royauté et la démocratie, il faut qu'elle représente des intérêts distincts des leurs. Il ne faut pas qu'elle émane uniquement, comme aujourd'hui, du pouvoir royal, et il faut encore moins qu'elle soit, directement ou indirectement, une émanation du pouvoir démocratique, parce que celui-ci a déjà trop de propension à absorber toute l'autorité et à dominer tous les autres pouvoirs. Il serait, à cause de cela, encore plus dangereux

9

de faire ressortir la Pairie des élections démocratiques que de la royauté seule, parce qu'alors la démocratie verrait doubler sa puissance, et le Gouvernement constitutionnel serait renversé.

D'autre part, aucune combinaison de l'élection purement populaire avec le choix du Roi, exercé parmi un certain nombre de candidats qu'elle lui aurait présentés, ne ferait obtenir une Pairie forte, indépendante et suffisamment modératrice. Si le nombre des candidats présentés pour chaque place vacante était très-borné, le choix ne pourrait s'exercer que parmi des partisans très-zélés de la démocratie ou parmi quelques hommes insignifians que les électeurs leur auraient annexés; si le nombre des candidats était très-grand, on pourrait dire que le choix ne s'exercerait que sur ceux d'entre eux qui auraient été gagnés par avance. Dans l'un et l'autre cas, l'influence nécessaire de la Pairie et son autorité se trouveraient fort affaiblies.

L'expérience a démontré que quand les électeurs démocrates ont présenté des candidats au Roi, il n'y en a eu pour l'ordinaire qu'un seul capable de remplir les fonctions qu'ils voulaient décerner; les autres n'étaient que des hommes de paille placés là pour faire nombre. Cela seul suffisait pour rendre illusoire le choix de la Couronne.

L'hérédité est un principe persistant.

On reconnaît généralement que l'indépendance et l'influence de la Pairie ne pourraient provenir que de l'hérédité ou de l'élection; mais les organes de la gauche, après nous avoir dit que l'hérédité est contraire à nos mœurs, à nos institutions, aux principes de nos codes, ajoutent : « Les conservateurs ont fait leur « choix et nous aussi; mais leur principe est mort, et le nôtre « est plein de vie. »

Examinons cette assertion, qui, soutenue par des hommes influens et habiles, doit être réfutée avec soin.

L'hérédité, dit-on, est contraire à nos mœurs, à nos institutions, à nos codes : on veut sans doute entendre par là la seule hérédité des fonctions publiques non vénales et celle de l'illustration à laquelle les services rendus à la patrie devraient toujours donner droit; car nos mœurs, nos institutions, nos codes reconnaissent avec raison l'hérédité de la propriété et celle du trône, en même temps qu'ils autorisent celle de certaines fonctions publiques vénales, comme celles de notaires et d'huissiers, dont les charges sont journellement transmises de père en fils ou vendues par les familles.

Le principe de l'hérédité n'est donc pas mort ; il est bien plus vivace que celui de l'élection lui-même, puisqu'il repose sur la base essentielle de l'ordre social, sur l'hérédité de la propriété, qui n'est répudiée chez aucun peuple civilisé, tandis que l'élection est repoussée par un grand nombre de peuples éclairés et par beaucoup d'hommes habiles comme plus favorable à l'intrigue qu'au mérite.

Arrivons maintenant à la vitalité de l'hérédité. Comme principe politique, l'hérédité de la royauté et celle de la propriété ont été reconnues indispensables. C'est sur la première que reposent la tranquillité de l'État et la stabilité du Gouvernement; c'est sur la seconde que reposent l'excitation au travail, l'émulation, la conservation des familles, qui sont les bases de tout ordre politique et de tout ordre social. L'hérédité des illustrations, également reconnue par nos mœurs et nos usages, n'est pas moins nécessaire sous le rapport politique; c'est sur elle que se fonde l'excitation au service de la patrie et à celui de l'humanité : l'émulation qui en résulte, l'espoir de laisser à ses enfans un nom illustré nous font sacrifier notre temps, notre fortune, notre vie même, à l'intérêt public; ce sont ces nobles sentimens qui font triompher le patriotisme de l'égoïsme et de la cupidité. L'hérédité des illustrations est donc le véritable et essentiel principe politique chez tous les peuples civilisés, quelles que soient la forme de leur Gouvernement et la manière dont il y est appliqué.

Toute idée de conservation, de consolidation, d'amélioration se fonde sur l'héritage. Celui qui ne tient aucun compte des ancêtres qui ont illustré son nom, en fait peu des races à venir : le présent est tout pour lui, et rarement il est estimable, tandis que le sentiment qui dirige un homme nouveau devient pour lui une cause de patriotisme et de vertu, dès qu'il a en vue l'illustration de la famille dont il s'honore d'être le chef, et l'espoir de voir ses descendans se glorifier de porter un nom qu'il leur aura transmis comme le plus noble et le plus précieux des héritages.

Il ne peut pas y avoir d'organisation politique durable, quand les services rendus au pays ne donnent pas de droits à l'illustration et à la reconnaissance publique. L'opinion nationale doit les constater; une philosophie véritable ne peut les renier; une politique bien entendue doit s'en servir pour les utiliser au profit de l'Etat; l'envie seule peut les méconnaître.

Il est d'ailleurs aussi naturel d'hériter de l'illustration ou de la notabilité de ses pères qu'il l'est d'hériter de leur fortune. La spoliation de cet héritage serait d'autant plus injuste, qu'il tire son origine de la vertu, de la science ou des services rendus à la patrie, tandis que la richesse n'est souvent que le prix du vice et de l'immoralité, et que, quand même elle a une plus honorable origine, c'est ordinairement à un travail opéré dans un intérêt particulier qu'elle remonte.

On ne pourrait donc trop insister sur la nécessité de la reconnaissance légale de l'illustration qui constitue l'anoblissement des familles, en le fondant sur les services qu'elles ont rendus à la patrie. S'il en était autrement, chacun, dans l'intérêt de sa famille, chercherait à s'enrichir par son industrie particulière préférablement à servir l'Etat, à moins que celui-ci ne payât les services qui lui seraient rendus à un taux exorbitant pour les contribuables. L'amour paternel, celui de la famille, peuvent l'un et l'autre déterminer à faire les plus grands sacrifices à la patrie : payez ces sacrifices en illustration, en notabilité, en anoblissement, transmissibles à la postérité, et l'Etat, qui disposera seul de cette monnaie honorifique, verra par son emploi doubler sa richesse.

Cet emploi de monnaie honorifique sera d'autant plus avantageux qu'il excitera par l'honneur les fils à suivre l'exemple de leurs pères, et que quiconque aura acquis la richesse voudra aussi servir sa patrie pour participer à l'anoblissement que constatera la reconnaissance nationale.

Quelle que soit la loi destinée à constater et à régulariser l'illustration et la notabilité des familles, tous les genres de services publics devraient les faire obtenir et les accroître; la science, l'industrie, le dévouement, le talent, la valeur, le courage, appliqués spécialement à l'utilité de la société et au bien du pays, devraient en être les premiers titres.

L'amour de la gloire et le désir d'illustrer son nom ont été les principales causes de la grandeur de tous les peuples du monde. Ces nobles sentimens ont fait élever les sublimes monumens que nous admirons encore dans l'Egypte, dans la Grèce et dans Rome; c'étaient eux qui inspiraient l'héroïsme chez les Grecs et le dévouement chez les Romains; c'étaient eux qui inspiraient les vertus civiques dans l'antiquité comme dans le moyen-âge; ce sont eux encore qui, après avoir agrandi nos aïeux à toutes les époques de notre monarchie ont, depuis cinquante ans, multiplié tous les genres de gloire pour la France.

Nier l'importance de l'hérédité des illustrations serait égaler le souvenir du crime à celui de la vertu; ce serait confondre les noms des Erostrate et des Coriolan avec ceux des Léonidas, des Thémistocle et des Aristide; ce serait répudier la grandeur acquise par nos aïeux; ce serait annihiler la gloire de la France! Il ne saurait en être ainsi : l'hérédité des illustrations et des notabilités aura toujours sur nous une très-grande influence; nous en avons pour garant l'empire de l'honneur sur les Français.

La Pairie pourrait donc encore se fonder, se conserver et soutenir sa prépondérance par l'hérédité de l'illustration. Cette sorte d'hérédité suffirait à elle seule pour lui donner la force et l'indépendance nécessaires à l'exercice de ses hautes fonctions dans le Gouvernement constitutionnel.

En approfondissant les causes de l'abolition de l'hérédité de la Pairie, ne pourrait-on pas craindre que si l'opinion ombrageuse et peu réfléchie qui l'a fait prononcer devenait progressive, elle ne fît bientôt demander, dans un moment d'enthousiasme et d'égarement révolutionnaire, l'abolition de l'hérédité du pouvoir royal lui-même ?

L'hérédité de la Pairie est inhérente à celle de la Couronne

La famille royale est sans contredit la plus illustrée de toutes les familles de France ; c'est à cause de son illustration qu'elle a conservé le trône, quand la révolution de 1830 semblait l'avoir renversé pour toujours. L'hérédité de la Couronne ne lui a été conservée que parce que nulle autre famille n'était aussi illustre qu'elle. Le *quoique* n'a été mis en opposition du *parce que* qu'après la reconnaissance du pouvoir royal. Si donc l'hérédité des droits acquis par l'illustration pouvait être méconnue, la famille royale elle-même verrait immédiatement s'ébranler l'hérédité de sa puissance, et d'ici à peu de temps cette puissance serait méconnue, même sous le rapport politique, par tous ceux qui se refusent maintenant à admettre l'hérédité patricienne.

Quand on ne peut croire que l'éducation, l'entourage, l'illustration des fils des pairs de France sont ordinairement des gages suffisans de leur aptitude à l'exercice d'un pouvoir que tous les membres de la Chambre des pairs partagent entre eux, on ne saurait comprendre comment l'éducation, l'entourage et l'illustration des fils d'un roi sont toujours des gages suffisans de leur aptitude à l'exercice d'un pouvoir immense, que nul autre ne pourra ni ne devra partager avec eux.

Disons-le donc sans hésiter, l'hérédité du trône ne saurait rester isolée ; elle doit essentiellement s'appuyer sur celle de la Pairie pour assurer le maintien du Gouvernement constitutionnel.

M. le comte d'Alton-Shée a remarqué avec raison qu'en 1831 « les républicains voyaient dans la suppression de cette hérédité « un premier pas vers la suppression de celle de la Couronne, « et qu'ils pensaient, d'ailleurs, qu'en annulant un des trois pou- « voirs de l'État, les deux autres, se trouvant en présence sans « intermédiaire, ne tarderaient pas à en venir aux mains. »

D'autre part, on ne saurait s'étonner qu'à la suite de la révolution de 1830, au moment de la chute des partisans de l'ancien ordre de choses, ceux qui venaient de faire triompher les principes pour lesquels ils avaient combattu, depuis quarante ans, en exagérassent les conséquences. Dans le moment de la victoire, l'enthousiasme ne permet pas de tout prévoir, en France surtout, où l'opinion s'exalte aisément. La presse, dirigée par les vainqueurs de Juillet, dût donc inconsidérément faire paraître l'abolition de l'hérédité de la Pairie, comme la suite nécessaire de l'abolition de la féodalité et de celle des abus qu'un gouvernement imprévoyant avait tenté de rétablir par un coup-d'état qu'il n'avait pas eu la force de soutenir. Les électeurs, pleins de cette idée ne purent l'approfondir et en recommandèrent l'application à leurs mandataires : les uns crurent trouver, dans l'abolition de l'hérédité patricienne, le raffermissement du pouvoir ministériel, qui n'aurait plus à lutter que contre la Chambre élective ; les autres crurent, avec bien plus de raison, y trouver le raffermissement du pouvoir démocratique contre le pouvoir royal, qui resterait isolé ; l'hérédité de la Pairie fut mal défendue par les ministres, nonobstant leur grand intérêt à la soutenir : elle dût donc succomber sous les suffrages des députés, l'honneur les obligeant à remplir les engagemens qu'ils avaient contractés.

On conçoit aisément comment, dans ces circonstances, des hommes d'un haut talent, au patriotisme desquels on doit rendre hommage, ont pu considérer le maintien du privilége de la Pairie comme étant en contradiction avec l'esprit d'égalité au nom duquel ils venaient de défendre les opinions constitutionnelles ; mais c'est parce que cet esprit d'égalité, qui anime toujours la France, pourrait, en étant poussé jusqu'à l'extrême, avoir les conséquences les plus funestes, que le patriotisme et l'amour de la liberté doivent aujourd'hui prendre une direction contraire dans l'intérêt public, et poser des limites au nivellement absolu des familles ; comme, dans ce même intérêt, nos législateurs en posent sans cesse par toutes nos lois à l'exercice absolu de la liberté individuelle.

Il est hors de doute que l'hérédité, qui serait vicieuse pour constituer un pouvoir essentiellement mobile et progressif par sa nature, comme l'est celui de la Chambre des députés, serait au contraire excellente pour constituer un pouvoir essentiellement conservateur et modérateur, tel que celui attribué à un sénat ou à une Chambre de pairs, dont la mission est de maintenir l'ordre et d'assurer sa stabilité, en l'appuyant sur les anciennes traditions politiques et sociales.

L'hérédité de la Pairie, sous la Restauration, garantissait son indépendance. On l'a vue alors rendre d'immenses services à la liberté et opposer un obstacle insurmontable à l'esprit de réaction qui dominait dans la Chambre élective. Tous les projets qui tendaient à reconstruire l'ancien régime, aboli par la révolution, échouèrent devant sa sage résistance : elle rejeta la loi du droit d'aînesse, et força le ministère à retirer la loi sur la police de la presse.

Les partisans de l'hérédité peuvent donc opposer avec avantage l'indépendance des Pairs, souvent constatée sous la Restauration, au mutisme obéissant du sénat viager de l'Empire. Dès qu'un sénateur était l'élu de la Couronne, bien que sa dignité fût viagère, on pouvait croire que sa reconnaissance envers l'Empereur tendait à modifier ses opinions et à influer sur ses votes, lorsqu'il s'agissait de discuter ou d'accepter des lois présentées par ses ministres.

Aussi, lorsqu'en 1831, des hommes aussi habiles et aussi éloquens que MM. Thiers, Guizot, Royer-Collard et Berryer, ont défendu à la tribune de la Chambre des députés l'hérédité patricienne, il est probable que, malgré les attaques dirigées contre elle, elle eût été maintenue si le ministère n'eût pas abandonné sa cause.

Serait-ce parce que, antérieurement à cette époque, l'hérédité de la Pairie lui donnait une indépendance qui était la plus forte garantie contre l'envahissement du pouvoir royal, que les plus zélés partisans de ce pouvoir l'auraient abandonné si facilement en 1831, et qu'alors ils auraient livré sa discussion à l'opinion publique, *pure de tout intervention ministérielle,* quand ils ne pouvaient plus douter que cette opinion, égarée par la presse, s'était déjà hautement prononcée contre elle ? Il était pourtant impossible de douter, au moment de cette crise, ainsi que le disait M. le duc Decazes à la Chambre des pairs au nom de la commission dont il était l'organe, il était impossible de douter « que la destruction de cette garantie serait sans utilité pour les libertés « publiques et pour la Couronne elle-même, qui, seule, pouvait « croire y gagner en pouvoir ce qu'elle y perdrait en stabilité. »

Nonobstant cela, l'hérédité dût succomber sous les votes de

ses adversaires. Elle choquait, dans ce moment d'exaltation, le sentiment excessif d'égalité, qui est l'une des causes les plus actives de notre révolution. Cela suffit pour la faire abolir : ce fut la passion et non la raison qui la jugea.

« Si pourtant l'on veut sérieusement une Pairie représentative,
« il faut précisément, ainsi que l'a remarqué l'un des journaux
« du centre-gauche, il faut qu'elle représente l'inégalité qui est
« un fait social contre lequel il n'y a pas à protester. C'est re-
« construire une aristocratie, dit-on; mais l'aristocratie existe
« sous toutes les formes, aristocratie de noms, aristocratie
« d'argent: ce n'est pas la reconstruire, c'est l'organiser. L'héré-
« dité de la Pairie est le corollaire indispensable de l'hérédité
« monarchique : la première se fonde aussi bien sur une raison
« d'utilité publique que la seconde. La Pairie, si on veut qu'elle
« joue un rôle dans l'État, doit représenter l'esprit de conserva-
« tion, l'esprit de suite, l'esprit de durée; elle doit faire équi-
« libre à l'esprit progressif de la Chambre démocratique. Pour
« être à la hauteur de cette mission, l'hérédité lui est néces-
« saire; car c'est elle qui engendre l'esprit de suite, si indispen-
« sable pour tempérer la mobilité naturelle des démocraties. »

On ne peut d'ailleurs méconnaître que les grandes assemblées héréditaires ont toujours lutté de patriotisme et de talent avec les assemblées électives. En Angleterre, la Chambre des lords n'a jamais été dépassée, sous ces rapports, par la Chambre des communes. Le sénat romain soutint jusqu'au dernier moment la gloire et la grandeur de la République; il ne faiblit au temps de l'Empire que quand, succombant sous les coups du despotisme militaire, l'influence de l'hérédité de ses membres eut été anéantie par les retranchemens et les adjonctions qui la rendirent amovible par le fait, au gré des tyrans qui se plurent à l'avilir. Ce fut au patriotisme et à l'habileté de leurs sénateurs héréditaires que Venise et Gênes dûrent leur grandeur et leur puissance.

Sans prétendre que chez nous le hasard de la naissance ne donnerait constamment que des hommes habiles à la Pairie, on peut soutenir hardiment que ce hasard, en lui donnant plus de garanties d'indépendance, inspirerait plus de confiance dans l'impartialité de ses décisions, et que le talent, long-temps préparé, de ses jeunes membres n'en serait que plus remarquable. Rendons justice aux pairs qui sont entrés au Luxembourg par l'hérédité ou avant l'âge d'y pouvoir siéger, et nous reconnaîtrons que, non moins éloquens, non moins habiles et non moins patriotes que leurs vieux collègues, aucun autre n'a donné plus de preuves qu'eux d'indépendance, d'assiduité, et d'aptitude à discuter les hautes questions politiques ; il suffira, pour le démontrer, de citer les noms de MM. de Montalembert et d'Alton-Shée, que l'hérédité a faits pairs depuis 1830, et ceux de MM. de Laplace, de Tascher, Lanjuinais, Dubouchage, de Cadore et Daru, qu'elle avait faits pairs antérieurement à cette époque ; ajoutons-y encore ceux des pairs nommés dès leur enfance, et dont le talent honore aujourd'hui la Pairie, tels que MM. de Montebello et de Montalivet, on jugera ensuite si l'hérédité et la jeunesse d'un pair de France sont des motifs suffisans de présumer son inaptitude à remplir les hautes fonctions qui lui sont confiées. Certes, la royauté est d'une bien autre importance ; elle n'est point partagée, il n'y a qu'un roi, et pourtant l'hérédité la transmet, et l'âge du prince appelé au trône ne l'en exclut pas. Ce n'est pas dans le siècle du progrès, au milieu de la jeune France, que la précocité du mérite pourrait être repoussée avec succès.

Ce qu'était la Pairie de 1814 et ce qu'est celle de 1830.

La Chambre des pairs, constituée sous le régime de la loi de 1814, était pleine d'illustrations et de talens : y arriver était le point de mire de toutes les hautes ambitions. L'hérédité y attirait et y fixait les grandes fortunes ; il ne lui manquait, pour triompher des mesquines jalousies nuisibles à son influence, que la publicité de ses discussions, publicité qu'un pouvoir ombrageux lui avait refusée, par la crainte que l'indépendance de ses membres et leurs lumières lui inspiraient. Il est à peu près certain que si ses discussions eussent été publiques, et si ses membres eussent joui du droit d'initiative, comme depuis 1830, le ministère déplorable qui précéda cette époque n'eût pu commettre les fautes qui amenèrent avec une nouvelle révolution la chute de la branche aînée de la famille royale.

Maintenant que les séances de la Chambre des pairs sont publiques et qu'elle a l'initiative des lois, comme en retour elle a perdu son principe constitutif, sans qu'il ait été convenablement remplacé, son influence est encore moindre que sous la Restauration : alors encore les journaux cherchaient à soulever le voile qui couvrait les discours des pairs ; ils se disputaient l'avantage d'en publier quelques lambeaux. Aujourd'hui que ses discussions sont publiques, la Pairie exerce si peu d'influence, que ce n'est, sauf quelques rares exceptions, que le *Moniteur officiel* qui s'occupe à les faire connaître. De quelle utilité peut être pour le pays un fantôme de pouvoir qui manque tout à la fois de principe constitutif et d'organes pour se faire entendre du peuple sur lequel son influence devrait s'exercer? Ceux qui l'ont fait ainsi ont-ils voulu bien véritablement que la Charte de 1830 constituât trois pouvoirs dans l'Etat?

L'intérêt de la Pairie héréditaire, comme celui de la Pairie viagère, serait d'ailleurs de se renforcer et de se rajeunir sans cesse, par l'adoption des grands talens et des grandes illustrations qui devraient toujours tendre à réparer les pertes que le temps lui ferait faire. Sur trois cents pairs viagers, il y aura chaque année environ quinze vacances par la seule cause de la mortalité, et sur le même nombre de pairs héréditaires, il y aura, par cette seule cause, au moins deux ou trois pairs qui mourront sans laisser d'héritiers de leur dignité.

Si le nombre des pairs héréditaires était porté, avec le temps, par des promotions successives, jusqu'à cinq ou six cents, ce qui le laisserait, proportionnellement, encore moindre qu'en Angleterre, par rapport aux populations respectives, il y aurait, annuellement, de quatre à cinq pairies vacantes par l'extinction des familles patriciennes. Ce serait bien assez pour renouveler la Chambre, en y faisant entrer toutes les grandes illustrations que les circonstances ordinaires mettraient en évidence. Dans les cas urgens, le nombre des pairs pourrait être accru avec modération et prudence.

On doit, d'ailleurs, remarquer que le nombre des extinctions parmi les familles patriciennes serait d'autant plus considérable en France, que le rétablissement des majorats, des substi-

Comment la Pairie peut se compléter.

tutions et du droit d'aînesse y serait repoussé par l'opinion publique.

C'est là un grand obstacle au soutien de l'hérédité pure et simple de la Pairie, par l'ordre de primogéniture. Ne passant pas aux femmes, comme en Angleterre, elle se perdrait bien plus fréquemment.

Ajoutez à cela que la plupart des fils de pairs se destineraient aux services publics : beaucoup d'entre eux, les puînés surtout, seraient militaires, et les dangers attachés aux fonctions qu'ils embrasseraient en raison de leurs relations habituelles, tendraient encore à l'extinction plus prompte de leurs familles.

Il en était ainsi des maisons nobles avant la révolution; leur nombre allait sans cesse en diminuant : ce n'était que par l'adjonction des familles anoblies que la noblesse pouvait se soutenir. On voyait, d'année en année, diminuer rapidement la liste des noms anciens, et le peu qui en subsiste maintenant ne démontre que trop combien serait rapide l'extinction des familles de pairs, quand même l'hérédité leur serait rendue, si surtout elle ne l'était qu'en ligne descendante masculine et légitime.

Obstacles à l'hérédité de la Pairie. Nonobstant tous les motifs en faveur du rétablissement de l'hérédité de la Pairie, les plus habiles organes de la presse pensent unanimement que, dans le moment actuel, une réaction en sa faveur choquerait trop de préventions, trop de préjugés, trop d'idées courantes, pour avoir la moindre chance de succès.

Quant à nous, tout en pensant que, depuis 1831, l'opinion publique s'est beaucoup modifiée sous ce rapport, nous ne saurions méconnaître qu'il est très-probable que si l'on voulait rétablir aujourd'hui l'hérédité de la Pairie, telle qu'elle était avant 1831, on ne parviendrait point encore à surmonter la répulsion que l'opinion publique lui montra à cette époque. «Qu'on prouve que « l'institution de la Pairie actuelle est vicieuse, dit *le Constitu*- « *tionnel,* on ne trouvera pas de contradicteur; mais c'est au « profit de l'extension du système électoral qu'on aura travaillé.»

Ne serait-il pas à craindre, d'ailleurs, que si l'hérédité était rétablie telle qu'elle existait, elle ne fût attaquée de nouveau d'ici à quelques années, et qu'elle ne succombât encore dans quelque cataclisme révolutionnaire? Quelle confiance alors le pays et la Pairie elle-même pourraient-ils avoir dans la force d'une institution que l'opinion versatile des Français aurait renversée et élevée tour à tour pour en faire le jouet des passions du moment?

Le Messager, organe du centre-gauche, après avoir reconnu que l'hérédité de la Pairie vaudrait mieux que ce qui existe, et qu'elle suffirait à elle seule pour constituer une Chambre véritable, croit que, si l'on n'en veut absolument pas, l'élection pourrait encore conduire au même but, en combinant le choix de la Couronne avec une candidature élective.

En effet, les catégories ne sont qu'une fâcheuse et inutile entrave à l'exercice du pouvoir royal; elles ne sont point une garantie de l'indépendance de la Pairie, et le choix du Roi est incomplet, puisqu'il ne peut nommer les pairs que parmi ceux qui entrent dans les très-imparfaites séries établies par le nouvel article 23 de la Charte constitutionnelle.

On a remarqué avec raison que les catégories sont à la fois insuffisantes et incomplètes; elles éloignent de la Chambre des pairs tout homme qui n'a pas plus de quarante ans; le nombre des hommes de cinquante ans, susceptibles d'être pairs, est encore fort borné ; ce n'est guère que parmi les hommes de soixante ans que la prérogative royale peut s'exercer avec quelque latitude : en sorte que, nonobstant une vingtaine de jeunes pairs arrivés par l'ancien droit d'hérédité, il résultait déjà, au commencement de l'année 1838, des calculs faits par M. le comte d'Argout, que l'âge moyen des pairs était de soixante-et-un ans, chiffre qui tendait sans cesse à s'accroître encore.

Sans doute qu'une Chambre composée d'hommes aussi âgés est tout aussi essentiellement gardienne de l'honneur et des libertés publiques, qu'une Chambre composée d'hommes plus jeunes ; mais parmi un grand nombre de pairs de soixante-et-un ans et plus, il en est beaucoup dont les infirmités leur rendent l'assiduité aux séances impossible. Les séances présentent donc un petit nombre de membres, et ce nombre serait rapidement diminué, si le Roi ne le rétablissait chaque année par une nomination de nouveaux pairs, dont l'illustration pourrait par fois devenir douteuse avec le mode de promotion actuelle. Par cela seul, il serait impossible de dépasser maintenant le nombre de trois cents pairs ; et dans certaines circonstances l'exercice de la prérogative royale serait ainsi entravé.

Quels que soient les défauts de la constitution de la Pairie, depuis 1831, nous n'hésitons pourtant point à reconnaître, avec les rédacteurs de la *Revue de Paris,* que ce serait à tort que l'on se plaindrait de la composition de la Chambre des pairs telle qu'elle est aujourd'hui : certes, elle ne pourrait guère être plus parfaite ; mais sa bonne composition tient essentiellement aux circonstances qui ont concouru à sa formation, et il ne suffirait pas, pour la maintenir telle qu'elle est, qu'elle pût se recruter à l'avenir parmi les ministres, les ambassadeurs, les généraux, les députés, les chefs de la magistrature et les hautes notabilités scientifiques et industrielles, qui n'auraient pas d'illustration spéciale, pour qu'elle pût conserver sa haute position. Elle ne doit son élévation actuelle qu'à l'espèce d'hérédité dont elle a joui, et en partie aussi aux prodigieux événemens qui, en se succédant depuis cinquante ans, ont permis de revêtir de la dignité patricienne un grand nombre de personnages véritablement illustrés.

Il faudrait ne pas être Français pour penser que la vieille gloire attachée aux noms des Montmorency, des Talleyrand, des Larochefoucauld, des La Trémouille, des Mortemart, des Choiseul, des d'Harcourt, des Crillon, des Brissac, des Brancas, des Broglie, des Fezensac, des Noailles, des Byron, des Richelieu, des Valentinois, des de Coigny, des de Saulx-Tavannes, des de Castries, des Caraman, des de Périgord, des Lusignan, etc., etc., n'ajoute rien à la grandeur de la Chambre dans laquelle leurs descendans siégent maintenant ; et quand à ces noms s'associent ceux des Molé, des Pasquier, des Séguier, des Turgot, des Colbert, des Louvois, des Lamoignon, des Ségur, des d'Argout, il faudrait avoir oublié notre histoire pour ne pas reconnaître que la Chambre qui les compte parmi ceux de ses membres en est véritablement agrandie.

On aime à voir siéger à leurs côtés les descendans des Albufera, des Montalivet, des Malouet, des Mounier, des Laplace, des Montebello, des Boissy-d'Anglas, des Cambacérès, des Eckmull, des d'Istrie, des Massa, des Mortier, des Wagram, des Plaisance, des Lanjuinais, des Cadore, etc., etc., dont les noms ont été si grandement portés pendant la Révolution et sous l'Empire.

Tous ces noms s'allient bien, dans l'intérêt de la Pairie, à ceux des vétérans de notre gloire moderne. Ils s'inscrivent honorablement près de ceux des Siméon, des Portalis, des Decazes, des Perrier, des Persil, qui ont honoré la plus haute magistrature, et près de ceux des ducs de Dalmatie, de Reggio, de Bellune, de Conegliano et de Tarente; des maréchaux Gérard, Molitor, Grouchy, Maison et Vallée; des amiraux Duperré, Roussin, Rosamel, Jacob et Verhuell; des généraux Athalin, Baudran, Castellane, Claparède, Cubières, d'Ambrugeac, Cessac, Dejean, Petit, Darriule, Neygre, Delort, Durosnel, Excelmans et Pajol, qui se sont tant grandis en conduisant nos armées à la victoire.

Certes, tous ces noms, ainsi que ceux des diplomates tels que les Saint-Aulaire, les Barante, les Rumigny et les Marueil, sont bien dignes d'honorer la Pairie; mais comment seraient-ils remplacés, en temps ordinaires, par des noms nouveaux auxquels les grands souvenirs de notre histoire et ceux des prodigieux événemens qui se sont succédé depuis cinquante ans ne pourraient plus se rattacher?

Comment, sans toutes ces illustrations, former aujourd'hui une Pairie, et comment, avec notre constitution actuelle, pourrait-elles s'y perpétuer en nombre suffisant pour en soutenir l'éclat?

Sans doute que la Pairie s'honorera toujours de compter parmi ses membres des savans et des littérateurs, tels que les Dupin, les Cordier, les Thénard, les Gay-Lussac, les Dégérando, les Poisson, les Cousin, les Bertin de Vaulx, les Étienne, les Lebrun, les Viennet, les Daunou. Sans doute que l'éloquence des Villemain, des Mérilhou, des Barthe, de Pelet (de la Lozère), des Tripier, des Fréville, laissera long-temps de grands souvenirs dans la Chambre où ils auront siégés; sans doute encore que l'on se rappellera que les Roy, les Humann, les Gauthier, les Humblot-

Comté, y représentent l'industrie; tandis que les Gasparin, les Morel de Vindé y représentent l'agriculture, et les d'Aligre, les Boissy du Coudray, les Odier, les Thalouet, la grande fortune noblement acquise. Mais pourtant on regrette déjà chaque année les pertes que la Pairie fait sans qu'elles soient remplacées par les héritiers des hommes illustres qui ont siégé dans son sein. Ce n'est qu'avec peine que l'on a vu, depuis deux ans, les noms des Bordesoulle, des Mathieu Dumas, des Danrémont, des Truguet, des Sacy, des Lallemand, des Bassano, des Haxo, des Lobau, des Louis, des Montlosier, des Nicolaï, des Prony, des Bernard et des Semonville, effacés de la liste des pairs de France.

Quelle que soit l'éminence des pairs actuels, quand même l'hérédité leur serait rendue, la Pairie ne pourrait jamais, dans son propre intérêt, ne pas désirer admettre les illustrations qu'elle a perdues, celles qu'elle ne possède point encore et celles qui s'élèveront par la suite. Quelle que soit sa constitution, l'adjonction des illustrations nouvelles ajoutera toujours à son influence et à sa grandeur.

C'est surtout dans la Chambre des députés, destinée à recevoir les capacités politiques, que les illustrations doivent se former, s'acquérir et s'accroître. La Chambre des pairs doit être destinée à recevoir celles qui ont été constatées, c'est encore à elle à les conserver et à les étendre.

Que deviendrait la Pairie si, par la continuation de l'insuffisant système des catégories, telles qu'elles ont été formées en 1831, le ministère, dans la nécessité d'envoyer annuellement une fournée de recrues à la Chambre patricienne, paraissait indécis sur la réalité des titres des nouveaux dignitaires, et si le journal officiel annonçait leur nomination au pays sans que leur renommée les y ait fait connaître? Que deviendrait encore la Pairie, si les ministres, embarrassés de la préférence à accorder parmi la foule d'aptitudes inconnues entre lesquelles ils devraient choisir, semblaient appeler le sort à leur secours, ou, ce qui est bien pis encore, paraissaient n'avoir élu les nouveaux dignitaires que par esprit de coterie ou par intérêt de famille, à la suite des concessions que, par accommodement, ils se seraient mutuellement faites? Certes, une Pairie ainsi renouvelée chaque année, par nécessité, avec des hommes sans nom qu'elle n'illustrerait plus elle-même que tacitement, aurait bientôt perdu tout crédit et toute influence sur la France.

A Dieu ne plaise que nous nous unissions jamais aux publicistes qui ont blâmé la nomination de nos nouveaux collègues! Le Roi les a légalement agrandis en les nommant, la Chambre les a admis, tous sont donc dignes de siéger dans son sein. Mais il ne suffit pas pour elle et pour eux que leur élévation soit légale et régulière; il faut encore que les motifs en soient reconnus et incontestés dans toute la France; il ne faut pas surtout que, par suite de l'insuffisance de la loi en vertu de laquelle leur promotion a été faite, la presse de toutes les oppositions puisse s'unir pour l'attaquer, et que les atteintes portées par elle à leur haute dignité, en retombant sur l'un des trois grands pouvoirs de l'État, atténuent sa force et diminuent sa puissance.

Et d'ailleurs, avec la loi actuelle, quelque grands, quelque nobles, quelqu'illustres que soient les pairs de France, il suffit que leur nomination soit toujours faite par le Roi, sur le contre-seing d'un ministre, pour qu'ils soient représentés par les envieux de leur dignité comme les créatures de la faveur et les défenseurs obligés du pouvoir.

Il n'en serait point ainsi si la majorité des pairs recevaient leur notabilité de l'hérédité et si tous étaient présentés comme candidats, à la nomination du Roi par des colléges électoraux composés des seuls notables rentrant dans les catégories d'aptitude. Ce double mode aurait le très-grand avantage de concilier les intérêts du trône avec ceux du pays, en donnant l'existence à une Pairie qui, n'étant ni complétement aristocratique, ni complétement populaire, aurait cependant assez de racines dans l'aristocratie, et assez dans la démocratie d'où sortiraient les notabilités nouvelles, pour se présenter comme pouvoir modérateur et conciliateur entre le pouvoir électif et le pouvoir royal.

Les habiles publicistes du *Journal des Débats*, dont les autres organes de la presse partagent l'opinion sous ce rapport, ont déclaré ne connaître que deux principes capables de constituer réellement une Chambre, l'hérédité et l'élection. Les uns en ont conclu que l'hérédité devait être rendue à la Pairie, les autres que l'élection devait la recruter. Quant à nous, nous pensons qu'en ajoutant les descendans directs des pairs et des hautes notabilités politiques aux catégories actuelles, et en formant un collége électoral, composé de tous les membres de ces catégories, pour présenter parmi elles des candidats à la nomination royale, on offrirait un utile moyen de transaction entre les opinions extrêmes, et que par là la Pairie serait encore très-fortement constituée.

Selon *le Constitutionnel*, avec l'hérédité on aurait une Chambre toute aristocratique, et avec l'élection une Chambre toute populaire. « Il faut choisir, dit-il, parce que l'on ne peut faire l'effroyable amalgame de pairs héréditaires et de pairs élus : » amalgame qui existe pourtant depuis long-temps en Angleterre, dans la Chambre des lords, où siégent tout-à-la-fois, avec un grand nombre de pairs héréditaires, quelques pairs élus pour leur vie par les familles patriciennes d'Irlande, et quelques autres, tels que les évêques et le lord-maire, qui ne doivent qu'à leurs fonctions leur entrée dans la Chambre haute. Au surplus, tout en étant convaincu que, dans l'état actuel des opinions en France, il ne faut pas que la Pairie soit complétement aristocratique, ce qui lui ôterait son influence sur la nation, ni complétement populaire, ce qui paralyserait son action constitutionnelle, nous n'hésitons pas à reconnaître qu'avec la direction actuelle de l'esprit public il n'y aurait pour le moment aucune possibilité de faire admettre en France des dignités héréditaires avec des dignités viagères électives dans la même Chambre. On aurait pu y parvenir avant 1830; mais, depuis cette époque, cela est devenu impossible, parce que la Pairie héréditaire devrait nécessairement se recruter dans la Pairie viagère, et que l'opinion est si ombrageuse aujourd'hui, que si le pouvoir royal conférait l'hérédité on l'accuserait de se servir de ce droit comme d'un moyen d'influence et de séduction vis-à-vis des pairs qui n'en auraient pas encore la jouissance. Si, au contraire, l'hérédité était conférée par une loi à laquelle concourraient les Chambres législatives, on aurait à redouter que les intrigues des prétendans et les discussions irritantes de leurs antagonistes ne tendissent à déconsidérer la Pairie.

On a d'ailleurs dit, avec raison, que l'octroi de l'hérédité à une aristocratie faite au scrutin, ne donnerait qu'une puissance fictive, attendu qu'on ne crée pas une aristocratie: Il faut bien, en effet, chercher l'aristocratie où elle est réellement, et la prendre là toute faite. C'est ce que l'on obtiendrait par la formation d'un collége électoral spécial composé de toutes les hautes notabilités aptes à la candidature de la Pairie. Ce collége, qui serait chargé de présenter les candidats parmi lesquels le Roi choisirait ceux à qui il conférerait à vie la dignité de pair de France, représenterait bien certainement la seule aristocratie réelle et possible aujourd'hui, ce que ne sauraient jamais faire les colléges électoraux purement démocratiques qui nomment les députés.

MM. Molé, de Brézé, Siméon, Portalis, de Montebello, Mounier, de Noailles et beaucoup d'autres honorables pairs ont défendu, avec une supériorité de talent incontestable, l'hérédité de la Pairie, telle qu'elle était avant 1831. La moitié des membres de la commission de la Chambre patricienne a vu, dans l'abolition de cette hérédité, l'anéantissement de la Pairie elle-même; la conviction de ces hommes habiles n'est sans doute point changée, et je reconnais que ma faible expérience devrait fléchir devant la leur, si le rappel de l'hérédité présentait quelques chances de succès. Ce n'est donc qu'en désespoir de cause, et comme moyen de transaction entre les opinions extrêmes, que je propose ici le système mitoyen que j'ai déjà indiqué, en 1825, 1827 et 1834, dans mes divers ouvrages.

Aux capacités désignées dans les catégories qui déterminent l'aptitude à la Pairie, devraient être ajoutés les descendans légitimes en ligne directe et masculine de tous les pairs de France, des présidens, vice-présidens et secrétaires de la Chambre des députés, des maréchaux et amiraux de France, des députés qui auraient fait partie de trois législatures, des ministres, des ambassadeurs, des sous-secrétaires d'État, des directeurs-généraux, des secrétaires-généraux des ministères, des conseillers d'État, des présidens, procureurs généraux, avocats généraux et conseillers aux Cours de cassation et des comptes, des premiers présidens de Cours royales, des conseillers de l'Université, des lieutenans-généraux de terre et de mer, et des savans qui auraient été trois fois présidens ou qui auraient été secrétaires perpétuels de l'une des classes de l'Institut, ou des sociétés royales et centrales d'agriculture, de médecine, etc.

Nul d'entr'eux ne devrait pouvoir être admis dans les catégories qu'après avoir servi comme officier dans nos armées de terre ou de mer, ou après avoir rempli, pendant trois ans au moins, l'une des fonctions administratives auxquelles l'élection démocratique peut conduire : ce serait-là une garantie offerte à la démocratie.

Les jeunes pairs, que l'hérédité de l'aptitude à la candidature permettrait de nommer, dominés par l'expérience de leurs vieux collègues, et modérés par eux, porteraient cependant dans la Chambre patricienne la vigueur et l'animation que la jeunesse donne toujours; ils y porteraient avec mesure l'esprit progressif et les opinions de leur temps, que l'esprit conservateur modifierait et régulariserait avec sagesse : la chaleur des plus jeunes, l'expérience des plus anciens se confondraient heureusement; l'esprit de tradition et de conservation, essentiel à la Pairie, ne l'empêcherait pas d'adopter avec prudence les idées nouvelles; de là résulteraient de grands avantages pour la Chambre et pour le pays.

Dans notre système, tandis que la démocratie serait représentée par un collége électoral, dans lequel tous les intérêts à défendre et à rendre progressifs seraient appelés à voter, l'aristocratie serait représentée par un autre collége dans lequel rentreraient toutes les notabilités donnant des intérêts légaux de conservation.

Deux colléges électoraux ainsi constitués, dans des intérêts divers et conduisant chacun à un pouvoir différent, ne présenteraient jamais le grave inconvénient qu'offrait la division du pouvoir électoral entre les colléges de département et ceux d'arrondissement; ils ne donneraient pas, pour élire les députés d'une seule et même Chambre, un double vote qu'une simple distinction de fortune établissait, et dont l'effet devait être de porter la division avec un privilége mal motivé, parmi des électeurs et des élus, qui tous auraient dû agir dans le même intérêt.

Les électeurs qui, comme notables, présenteraient les candidats à la Pairie, contribueraient aussi comme citoyens à l'élection des membres du pouvoir électif, mais ce double vote, qui ne leur donnerait aucune prépondérance dans les colléges démocratiques, où ils seraient essentiellement les moins nombreux, n'aurait pour effet que de mettre en contact tous les électeurs des deux ordres de colléges, de les harmoniser et de préparer l'union qui devrait toujours exister entre eux et entre les deux pouvoirs législatifs.

Si la présentation à la candidature patricienne avait lieu, et si les électeurs chargés de la faire n'étaient que les notables qui se trouveraient dans les catégories, comme tous auraient des intérêts de conservation résultant de leur position sociale, leur choix ne tomberait certainement que sur des hommes essentillement conservateurs, parmi lesquels le Roi ne serait jamais embarrassé de choisir des citoyens éclairés et habiles, que la Pairie s'honorerait de recevoir dans son sein.

Un collége électoral, renfermant toutes les illustrations et toutes les grandes notabilités de France, donnerait une force d'autant plus grande au pouvoir conservateur, que les catégories seraient ouvertes à tous les citoyens que leur mérite pourrait y faire entrer, et aux principaux fonctionnaires que l'élection populaire aurait élevés.

On ne saurait d'ailleurs craindre aucun des abus que l'hérédité de la notabilité pourrait faire naître, quand les héritiers des pairs et des hommes illustres se trouveraient dans le collége des notables, avec tous les hommes nouveaux qui entrent dans les catégories actuelles : catégories auxquelles on pourrait utilement ajouter les archevêques, les évêques, les contre-amiraux, maréchaux-de-camp et intendans militaires, après cinq ans d'exercice; les présidens de Cours royales, les capitaines de vaisseaux et les colonels, les présidens et secrétaires perpétuels des principales sociétés savantes, les recteurs d'académie, les conseillers de l'Université et quelques autres encore, après dix années d'exercice, etc., etc.

Toutes les notabilités de chaque département se réuniraient à des époques déterminées pour présenter les candidats à la Pairie, et quand il y aurait un pair à nommer, le Roi le choisirait dans la liste de ceux qui auraient été présentés par tous les colléges formés des notabilités de la France.

On peut présumer qu'il y aurait au moins six mille notables dans les catégories étendues ainsi que nous le proposons. Si tous les deux ans ils se réunissaient pour présenter le vingtième d'entre eux, le choix du Roi pourrait s'exercer sur trois cents personnes : ce qui serait très-suffisant pour fournir à la nomination de quinze pairs par année.

Pour laisser au Roi une réelle influence, il serait convenable que le nombre des candidats choisis par les différens colléges électoraux, formés des notabilités, fût toujours au moins décuple de celui des pairs à nommer, et que le choix pût s'exércer parmi tous les candidats sans distinction de localités ni des causes qui les auraient rendus aptes à la candidature, soit que cette aptitude fût due à l'hérédité de l'illustration ou au mérite personnel.

Avec tout autre principe électif que celui que nous proposons pour constituer la Chambre des pairs, la députation écraserait la Pairie, comme elle le fait dans le moment actuel, parce qu'un corps ne peut être que ce que sa constitution le fait, et parce que tout le talent, tout le mérite, tout le courage de ses membres ne sauraient remplacer en lui la force qu'il doit tirer de son principe. Les hommes passent, mais les principes ne passent pas.

L'opinion publique, qui, en France, a voulu l'abolition du droit d'aînesse et l'égalité dans l'héritage des fortunes, serait satisfaite de l'abolition de ce droit et de l'égalité dans l'héritage des illustrations qui pourraient faire obtenir la Pairie. Nous voudrions donc que tous les descendans en ligne directe masculine et légitime des Pairs de France et des hautes notabilités nationales fussent également aptes à la candidature, sans que l'ordre de primogéniture pût exercer aucune influence à cet égard.

L'hérédité des droits résultant de l'illustration, en facilitant les alliances entre les familles patriciennes et celles enrichies par l'industrie, serait d'ailleurs d'une très-grande utilité pour la France : 1°, en mettant les nobles à même de consacrer leur existence au service de la patrie, au lieu de s'occuper des moyens d'accroître leur fortune; 2°, en leur donnant la possibilité d'entrer dans la Chambre des pairs et d'y vivre honorablement sans avoir besoin de recevoir de grosses indemnités pécuniaires ; 3°, en excitant les industriels à s'enrichir assez honorablement pour faire rechercher leur alliance par la Pairie; 4°, en ajoutant à l'influence patricienne celle des riches familles dans lesquelles les pairs auraient contracté des alliances.

L'hérédité, en attirant, antérieurement à 1831, les grandes fortunes dans la Chambre des pairs, l'étayait sur la richesse et mettait ses membres à portée de servir l'Etat sans avoir besoin des gros traitemens accordés aux emplois salariés par le Trésor. Il résulterait, sous ces rapports, autant d'avantages politiques de la transmission de l'aptitude à la candidature de la Pairie dans les familles patriciennes, qu'il en résultait sous la Restauration de l'hérédité de la Pairie elle-même.

Bien plus, la substitution du droit d'aptitude au droit d'hérédité, obligerait tous les membres des familles nobles à rivaliser de zèle, de mérite et de dévouement envers la patrie, soit entre eux, soit avec les hommes que leurs services personnels leur donneraient pour concurrens dans les catégories, afin de se distinguer assez par leur patriotisme et leurs vertus, pour fixer le choix des électeurs qui les appelleraient à la candidature, et pour mériter ensuite que le Roi les distinguât parmi leurs rivaux.

Quand, pour devenir noble et pour laisser un nom illustre, il faudra servir grandement l'État ; quand, pour jouir de ce précieux héritage, il faudra l'avoir servi soi-même, et avoir obtenu un gage de l'estime de ses concitoyens par la présentation à la Pairie, le patriotisme s'accroîtra par l'intérêt personnel, et le nombre des citoyens vertueux se multipliera dans l'intérêt de la France.

Pour occuper dignement les hautes fonctions publiques, surtout celle de membre de la Chambre des pairs, il faut avoir des idées grandes, nobles et généreuses, qui doivent naître plus ordinairement chez ceux qui, par leur famille, leur entourage, leur éducation, ont été habitués, dès l'enfance, à voir les choses en grand et dans l'intérêt du pays, que chez ceux qui, environnés de parens et d'amis obligés par leur position sociale à tout calculer, à tout économiser, à voir les choses dans leurs plus minutieux détails, sont moins naturellement portés au dévouement, à la générosité et à la grandeur. C'est là un puissant motif pour joindre aux catégories des hommes aptes à devenir pairs de France, les descendans des pairs et des hauts fonctionnaires de l'État.

Peut-être quelques personnes s'effraieront-elles, au premier abord, de l'idée de faire entrer les descendans des pairs de France et des autres grandes notabilités dans les catégories actuelles. On trouvera cette disposition contraire à l'égalité absolue; mais il ne faut jamais confondre cette égalité avec l'égalité légale établie conformément au besoin de l'ordre politique et social. L'adjonction des notabilités récentes aux descendans des hommes les plus illustres, rendrait d'ailleurs leur privilége le moindre possible, et beaucoup moins choquant pour ceux qui ne le partageraient pas que celui qui résulte de la transmission héréditaire des fortunes.

L'hérédité des notabilités, en ralliant, en utilisant la noblesse que la Charte a conservée sans lui donner d'emploi, ne serait, en définitive, que le gage de la reconnaissance attachée au souvenir des services rendus à la patrie. Quand ces souvenirs se seront effacés par le temps ou par la nullité des descendans des notables, les colléges chargés de présenter les candidats sauront toujours les annuler et en faire justice.

Si, comme on l'a dit, la vénalité des charges doit être conservée, pour immobiliser le produit de l'activité, de la confiance et du talent, à plus forte raison l'hérédité d'un privilége attaché à l'illustration doit-elle l'être pour immobiliser le produit des vertus civiques, qui sont les causes de la prospérité, de la puissance et de la gloire du pays.

Remarquons, enfin, qu'il n'est aucun citoyen qui ne puisse aspirer à la notabilité par les services qu'il rendra à son pays, comme il n'en est aucun qui ne puisse aspirer à la fortune par son travail et par son industrie. Les classes moyennes, plus que toutes les autres, peuvent s'élever dans les catégories qui rendent apte à la candidature patricienne. La députation, les conseils de département, les mairies des grandes villes, les places de l'Institut, celles des tribunaux de commerce, les grandes entreprises industrielles, etc., etc., reviennent la plupart à d'honorables citoyens qui n'ont pas encore atteint les sommités de l'ordre social, et qui, par le système que nous proposons, pourraient toujours avoir la prétention et l'espoir d'y parvenir.

Un temps viendra où les partisans du Gouvernement constitutionnel sentiront la nécessité d'étendre l'influence de la Pairie partout où s'exerce celle de la représentation nationale. Cela semblera utile pour adoucir ou même pour éviter les collisions entre les administrateurs et les conseils électifs. On reconnaîtra la nécessité des Pairies de département, d'arrondissement et de canton, comme on reconnaît aujourd'hui celle des conseils de département, d'arrondissement et de commune. On sentira qu'il faut que partout une ramification de la Pairie soit interposée, comme corps modérateur, entre les corps démocratiques, qui ressortent de l'élection, et les agens du pouvoir exécutif, qui se trouvent immédiatement en contact avec eux.

De l'extension future des attributions de la Pairie.

Cela deviendra de plus en plus indispensable pour contre-balancer le poids de la démocratie, à mesure que l'instruction s'étendra dans les masses. Alors les catégories qui conféreront l'aptitude à la candidature pour les Pairies de département, d'arrondissement et de canton pourront s'étendre en raison de leur infériorité et concurremment avec les notabilités des ordres secondaires; cette extension permettra d'établir des Chambres de pairs d'ordres inférieurs à la Chambre nationale. Dans cette prévision, nous avons indiqué ailleurs l'organisation que comporterait ce système.

Puisse l'opinion publique, en se modifiant, adopter bientôt cette innovation importante, qui nous semblerait nécessaire pour conserver l'équilibre et assurer l'union entre les trois branches du pouvoir constitutionnel!

La nomination des présidens de toutes les assemblées électorales, depuis ceux des assemblées primaires jusqu'à ceux des notabilités, devrait être faite par le Roi. Il en était ainsi sous l'Empire et sous la Restauration. Ce droit permettait à la Couronne de manifester franchement et ostensiblement son vœu sans nuire en rien à la liberté des suffrages, qui restait pleine et entière. Son rétablissement donnerait aux ministres la possibilité de mettre en évidence leur système, et aux citoyens celle de l'approuver ou de l'improuver régulièrement par le choix des hommes qu'ils honoreraient de leurs votes.

Le ministère, pourvu d'un moyen légal d'action, ne devrait plus, dans son propre intérêt, recourir aux déplorables moyens d'influence dont on lui a si souvent reproché l'usage, et dont l'irritation des électeurs a toujours été la funeste conséquence.

En ôtant au Gouvernement toute action régulière sur les colléges électoraux, on l'a contraint de recourir à des manœuvres clandestines. Il faut bien qu'il dirige le mouvement progressif de la société ; et c'est lors des élections que ce mouvement, étant le plus sensible, doit être régularisé avec le plus de sagesse. Il faut donc, dans ces graves circonstances, que l'action ministérielle soit légale et évidente. Il le faut, parce que de sourdes manœuvres sont indignes du pouvoir royal. L'intrigue appelle l'intrigue, la contrainte provoque la haine, la corruption attire la déconsidération et le mépris. Tout cela est funeste au Gouvernement qui y recourt, ainsi qu'au pays qui en souffre. Il importe de l'éviter, et comme on ne peut gouverner sans agir, les moyens réguliers d'action ne doivent jamais manquer à ceux qui exercent le pouvoir. Ce serait pour les leur donner qu'il faudrait rendre à la Couronne la nomination de tous les présidens des colléges électoraux.

En traitant des questions aussi graves que celles de la constitution de nos deux Chambres, nous nous sommes mis en dehors de toutes les exagérations politiques : nous respectons toutes les opinions consciencieuses, même les plus dissidentes des nôtres. Loin donc de redouter la contradiction, nous verrons avec plaisir s'élever des discussions que nous n'aurons provoquées que dans l'intérêt de notre pays. Tous les systèmes politiques, qui ne prennent point le crime pour soutien et qui n'appellent point les excès du fanatisme à leur aide, peuvent être défendus avec conviction par des hommes vertueux. Nous ne sommes pas républicains, en France, parce que nous pensons que la république ne pourrait s'y soutenir. Elle ne peut convenir à un peuple ancien, très-aggloméré, dont les intérêts sont très-compliqués et très-différens, chez lequel la richesse, créée chaque jour par l'industrie, se répartit avec une très-grande inégalité. La forme républicaine, possible dans une ville, compatible avec l'existence d'une petite peuplade peu riche et peu agglomérée, ou même avec celle d'un peuple nouveau entouré de déserts, ne saurait se maintenir en France en présence de la vieille Europe qui nous entoure de toutes parts. Il nous faut une constitution monarchique : mais cette constitution doit aussi être progressive ; elle ne saurait être durable si elle était despotique et stationnaire au sein d'une nation qui raisonne et qui est aussi éclairée que la nôtre : le peuple français veut connaître la marche du pouvoir et apprécier les lois auxquelles il consent d'obéir. Il lui faut donc un gouvernement représentatif. Mais pourra-t-on réellement dire qu'il en a un, tant que les dix-neuf vingtièmes des citoyens ne participeront en rien à l'élection des représentans de la France?

Chacun se plaint de ce que le Gouvernement, en butte à l'intrigue, balotté par les partis, obligé de faire sans cesse des concessions, n'est pas dans une situation normale. La gauche elle-même, qui l'affaiblit journellement, avoue que s'il conserve nominalement le pouvoir, c'est presqu'à la condition de ne pas s'en servir, et que les obstacles qu'il rencontre sont si nombreux, qu'ils paralysent tous ses projets. C'est là un grand mal, qui dérive essentiellement de la mauvaise constitution de nos deux Chambres législatives.

On voudrait restreindre à tort le nom de parlement à la seule Chambre élective, que l'on voudrait dominer pour dominer le pays. Les portefeuilles sont le point de mire de toutes les ambitions ; les chefs des différens partis ne luttent entre eux que pour les obtenir. Ceux qui se rangent sous leur drapeau ne s'efforcent de les leur faire avoir que pour participer à leur fortune : qu'importe l'intérêt de la France ; tout ce qu'il faut, c'est de disposer du ministère, ne fût-ce que pour quelques mois ou pour quelques jours :

quiconque l'aura saura bien s'en servir au profit de sa famille et de ses amis.

Par malheur, en agissant ainsi, on compromet la dignité des Chambres, et quelque grands, quelque habiles, quelque prudens que soient les dépositaires du pouvoir, ils passent tous avec une effrayante rapidité. Nos plus hautes capacités législatives, nos plus grandes illustrations succombent sous le poids des portefeuilles qui leur sont confiés, et dès que le pouvoir royal cherche à s'é-tayer sur elles, on peut leur présager une chute qui peut-être ébranlera la Couronne. Ce ne sont pourtant point les hommes qui manquent à nos deux Chambres; ce sont elles qui, à cause de leur mauvaise organisation, sont incapables de sou-tenir ceux qu'elles ont passagèrement investis de leur con-fiance. Aucun pays n'est gouverné par un monarque plus sage, plus généreux, plus habile que le nôtre; dans aucun on ne sau-rait trouver un plus grand nombre d'hommes illustrés que ceux mis en évidence par les prodigieux événemens dont la France a été le théâtre; la Pairie et la Députation réunissent les talens les plus éminens aux plus nobles caractères, et pourtant les ministres qui en sortent sont aussitôt renversés : à quoi cela tient-il, si ce n'est à l'insuffisance de nos lois constitutives?

L'instabilité de tous les ministères depuis 1830, la demande non motivée d'un gouvernement parlementaire, la formation d'une coalition dans la Chambre élective, l'union des opinions les plus extrêmes au sein de cette Chambre et dans les colléges électoraux, la diminution rapide de l'influence de nos trois pouvoirs constitutionnels, l'impunité, par le jury, des attaques qu'une presse hostile dirige contre eux, la tendance à acquitter les conspirateurs, la molle répression des émeutiers, le découra-gement et l'indifférence d'un grand nombre de gardes nationaux, leur opposition contre les autorités constituées, la dissidence des conseils électifs avec les agens du pouvoir, et plus que tout cela encore, la propagation des principes de l'omnipotence parlementaire et de celle du jury, prouvent que l'opinion n'est pas satisfaite et qu'il faut faire quelque chose pour la contenter. Cela est urgent dans un pays où la souveraineté du peuple a été proclamée, où le Gouvernement tire son origine de cette souveraineté mise en action par un soulèvement populaire, et où cette origine est sans cesse glorifiée. Il faut bien se garder, dans un tel pays, de laisser la fermentation des esprits s'accroître, et d'attendre, pour consolider le pouvoir, en ralliant autour de lui la nation, que celle-ci, dans une circonstance malheureuse, se soit soulevée de nouveau pour le renverser encore.

Il ne s'agit cependant point de réformer brusquement nos lois par l'omnipotence prétendue d'un seul des trois pouvoirs que la Charte a constitués. Loin de là, c'est de l'accord de ces trois pouvoirs, dont on ne saurait rendre l'union trop indissoluble, que toutes les grandes améliorations sociales et politiques doivent surgir.

Le système de réforme que nous proposons présente ces avantages, qu'il n'exclut des droits politiques aucune des classes de citoyens, qu'il ne pose point de barrière infranchissable entre elles, et qu'il donne à chacune les droits qu'elle peut raisonnablement exercer. Aux classes inférieures, il rend les assemblées primaires ; il conserve aux classes moyennes l'aptitude à l'électorat et à toutes les fonctions publiques ; il admet l'éligibilité pour les capacités, et la notabilité pour toutes les supériorités sociales ; il attribue aux notabilités la présentation des candidats à la Pairie, en conservant au Roi le droit de choisir les pairs, et ceux-ci, bien que nommés à vie, ne verront pourtant pas périr avec eux l'illustration qu'ils auront acquise par leur indépendance, leur sagesse et leur fermeté.

Ainsi tous les citoyens seront intéressés au maintien de l'ordre social et de l'ordre politique ; tous formeront un faisceau autour du Gouvernement, pour le consolider, le soutenir et étendre sa puissance. La souveraineté du peuple ne pourrait s'exercer avec plus d'étendue, sans troubler l'ordre public, dans un grand et vieil État comme la France.

Nous hésitions à publier ce Mémoire, confiant que nous sommes dans la sagesse du Roi et dans l'habileté de ses ministres ; mais notre hésitation a dû cesser, quand nous avons vu les organes de toutes les oppositions, naguère coalisées contre le ministère du 15 avril, attaquer en commun le ministère du 12 mai. Elle a cessé tout-à-fait, quand, en remontant plus haut, nous avons reconnu que , depuis 1830, aucun ministère n'a pu se soutenir pendant deux années, quel qu'ait été le mérite des hommes appelés à le former. Tous ont été usés en arrivant au pouvoir ; nul n'a pu en supporter le fardeau , bien que les plus honorables chefs de toutes les grandes fractions de nos deux Chambres en aient tour-à-tour été surchargés. Toujours leurs récens amis se sont unis pour les renverser, et pourtant leurs antagonistes étaient comme eux dignes de l'estime de la France.

A quoi cela a-t-il tenu , si ce n'est à la faiblesse et à l'insuffisance de nos lois politiques?

N'est-il pas déplorable , en effet, que, sous un Gouvernement qui se fonde sur l'opinion publique, celle-ci , livrée aux discussions de tous les hommes de parti, soit sans cesse trompée, corrompue , par des diatribes mensongères, sans que les organes du pouvoir osent, pour soutenir leurs actes, avoir dans chacun de nos départemens, un seul journal chargé de les défendre et de dévoiler les turpitudes de leurs adversaires? Ne doit-on pas attribuer à cette cause nos entraves législatives, la faiblesse de nos lois répressives des crimes et des délits politiques, l'instabilité perpétuelle de tous les ministères et notre désorganisation sociale, résultats funestes du discrédit de nos trois pouvoirs constitutionnels, que tous les ambitieux cherchent à renverser sans que personne ne s'applique efficacement à les soutenir ?

S'il en est ainsi, toutes les oppositions ont raison de demander la réforme des lois qui constituent nos deux Chambres. Il faut que cette réforme se fasse autant pour régulariser leur puissance que pour soutenir celle de la royauté. Tous les bons citoyens doivent chercher les moyens de l'opérer. C'est ce devoir que nous avons essayé de remplir.

Nos projets de réformes pourront paraître prématurés ; peut-être même, aux yeux de quelques-uns , sembleront-ils inapplicables. Il fallait pourtant les publier afin d'appeler la discussion sur des questions vitales pour la France. Puissent-ils faire naître des idées meilleures que les nôtres! Que par elles notre Gouvernement constitutionnel soit consolidé , que le trône soit inébranlable et que notre pays soit heureux : nous aurons atteint notre but.

TABLE DES MATIÈRES.